La Personne humaine

Couverture
- Conception graphique et illustration
  GAÉTAN FORCILLO

Maquette intérieure
- Conception graphique:
  ANDRÉ DURANCEAU

DISTRIBUTEURS EXCLUSIFS:

- Pour le Canada:
  AGENCE DE DISTRIBUTION POPULAIRE INC.*
  955, rue Amherst, Montréal H2L 3K4 (tél.: 514-523-1182)
  * Filiale de Sogides Ltée

- Pour la France et l'Afrique:
  INTER-FORUM
  13, rue de la Glacière, 75013 Paris (tél.: (1) 43-37-11-80)

- Pour la Belgique et autres pays: S. A. VANDER
  Avenue des Volontaires, 321, 1150 Bruxelles (tél.: (32-2) 762.98.04)

YVES SAINT·ARNAUD

La Personne humaine

Centre interdisciplinaire de Montréal Inc.

5055, avenue Gatineau Montréal H3V 1E4 (514) 735-6595

Les Éditions de l'Homme*

CANADA: 955, rue Amherst, Montréal H2L 3K4

*Division de Sogides Ltée

© LES ÉDITIONS DE L'HOMME,
DIVISION DE SOGIDES LTÉE

Tous droits réservés

Copyright, Ottawa, 1974

Nouvelle édition
Bibliothèque nationale du Québec
Dépôt légal — 1er trimestre 1985

ISBN 2-7619-0518-0

(ISBN original: 0-7759-0422-8)

SOMMAIRE

REMERCIEMENTS

L'auteur remercie l'équipe qui a assumé la responsabilité de la première partie du chapitre VII: Pierre Bonneau, Louise Lussier, Colette Paré, Michelle Rinfret et André Saint-Pierre; ainsi que Paul Boutet et Lise Roquet-Saint-Arnaud dont les commentaires ont permis d'améliorer la présentation et la cohérence du présent volume.

Introduction

Depuis 50 ans, des psychologues ont écrit des milliers de pages sur la réalité qui fait l'objet du présent ouvrage: la personne humaine. Par cette littérature le psychologue veut aider son lecteur, un lecteur tantôt profane, tantôt savant, à unifier les connaissances psychologiques acquises à travers son expérience personnelle, ses relations avec d'autres personnes ainsi que son contact permanent avec un environnement socio-culturel. Contrairement au physicien, au mathématicien, au géographe, et à la plupart des hommes de science dont l'objet d'étude ou la méthode de recherche échappent à «Monsieur Tout-le-monde», le psychologue qui traite de la personne humaine n'a jamais devant lui un interlocuteur complètement ignorant sur le sujet dont il veut parler. Sa tâche peut en paraître plus facile; mais la diversité de l'expérience humaine, de même que la complexité du sujet traité, sont telles que c'est souvent l'inverse qui se produit. Le lecteur auquel s'adresse le psychologue est en contact étroit avec la réalité dont on lui parle. Il l'est depuis les 15, 20, 40 ou 60 ans durant lesquels il a été conscient d'être une personne, un individu parmi d'autres, un être humain, à la fois semblable à tous les autres et différent de tous les autres. *Sous ce dernier rapport tout lecteur est en quelque sorte un expert en la matière, et aucun homme de science ne pourra, plus que son lecteur, avoir une connaissance adéquate de la personne de celui-ci. En conséquence les généralisations du psychologue, ses observations, ses théories seront soumises à la critique sévère de son lecteur. Pour intéressante qu'elle soit, cette critique risque d'empêcher le processus d'abstraction nécessaire à toute démarche scientifique. Elle peut empêcher le lecteur par exemple de se dégager de ses particularités personnelles pour saisir les processus psychologiques plus généraux auxquels l'homme de science veut l'introduire.*

Un tel état de choses semble avoir suscité deux types de réactions de la part des chercheurs qui traitent de la personne humaine. Les uns contournent la difficulté du «lecteur expert» en créant un langage scientifique et une méthodologie dont seuls les initiés possèdent la clé. Ils exigent ainsi implicitement une démission du «lecteur expert» qui doit se laisser guider dans un labyrinthe scientifique qu'il ne connaît pas. Devant le langage utilisé et en regard des postulats qui sont énoncés, le lecteur perd le privilège de ses propres connaissances; il doit mettre entre parenthèses son expérience personnelle pour se confronter à un objet extérieur à lui-même. Cet objet est alors décrit, analysé par le psychologue à la façon de tout autre objet d'une démarche scientifique, que ce soit l'atome, les tissus organiques ou les diverses sociétés. La personne humaine devient ainsi une réalité scientifique qui se prête à toute la rigueur d'analyse de la tradition scientifique; mais le lien entre cette «personne» et la «personne humaine» qu'est Jos Blo ou le fils de Madame Une telle, n'est pas toujours aisé à percevoir. Dans le monde scientifique on reconnaît cette difficulté: elle découle du principe que l'on ne peut faire «la science du particulier». On s'en remet à la psychologie appliquée pour établir les liens entre d'une part la théorie de la personne que l'on a élaborée, et d'autre part Jos Blo qui viendra consulter le psychologue.

D'autres psychologues réagissent d'une façon différente à la difficulté du «lecteur expert». Plutôt que de créer un intermédiaire entre leur interlocuteur et eux-mêmes, ils tentent d'associer ce dernier à une démarche scientifique en accréditant l'expérience personnelle de chacun et en l'intégrant dans l'élaboration des théories scientifiques. Les modèles qu'ils présentent se veulent descriptifs de l'expérience telle que vécue par chaque personne. La critique du lecteur n'est plus un obstacle à la science psychologique; elle devient une critique valable des modèles présentés et une façon de faire évoluer la recherche scientifique. La personne n'est plus étudiée comme un objet extérieur à soi, mais comme une réalité quotidienne qui est soi-même. Cette fois, ce n'est plus le lecteur mais le psychologue qui perd son privilège de savant pour devenir un simple guide dans l'exploration que «Monsieur Tout-le-monde» veut faire de son monde subjectif. C'est ce type de psychologue que l'on retrouve par exemple dans ce qu'on appelle aujourd'hui la troisième force en psychologie, selon l'expression d'Abraham Maslow (1).

Le présent ouvrage, comme l'indique son sous-titre, traite de psychologie perceptuelle, et s'inscrit dans ce courant de la troisième force. L'auteur veut associer son lecteur à une démarche systématique, l'aider à mieux comprendre la personne humaine dans ce qu'elle a de général, tout en lui permettant d'identifier les particularités de sa propre personne, afin d'unifier à partir de son expérience personnelle, les connaissances qu'il a déjà sur le sujet. Le premier chapitre présentera un modèle descriptif de la personne, le second explicitera les postulats de la psychologie perceptuelle; les chapitres 3 et 4 traiteront successivement de la motivation et des conditions de croissance de la personne; les quatre autres chapitres présenteront un modèle descriptif de la relation interpersonnelle et une conception des relations humaines de la vie quotidienne; enfin les deux derniers permettront de réfléchir sur le phénomène du changement personnel et sur l'approche dite «non-directive».

Chapitre I

MODÈLE DESCRIPTIF DE LA PERSONNE

Entreprendre l'étude scientifique d'une réalité, c'est en quelque sorte identifier correctement un certain nombre de données précises, avec l'intention de les organiser de façon systématique pour les mieux comprendre et déterminer les relations qu'elles ont les unes avec les autres. Les données qui se rapportent à l'étude de la personne humaine sont tellement nombreuses et variées que l'on risque de s'y perdre si on se contente d'une cueillette sans ordre, au hasard des circonstances. Le chapitre premier présente au lecteur un instrument pour la cueillette des données pertinentes à l'étude de la personne humaine. Cet instrument prend la forme d'un modèle descriptif de la personne.

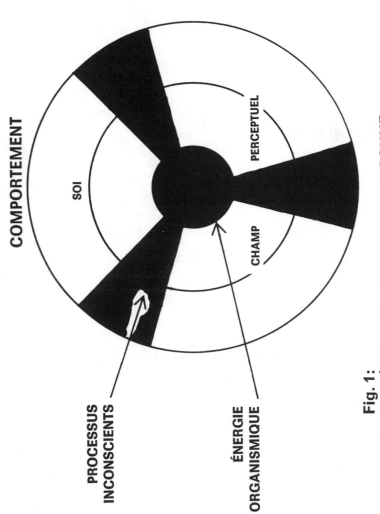

COMPORTEMENT

SOI

PERCEPTUEL

CHAMP

PROCESSUS
INCONSCIENTS

ÉNERGIE
ORGANISMIQUE

Fig. 1:
MODÈLE DESCRIPTIF DE LA PERSONNE

Le modèle reproduit dans la figure 1 est constitué d'un ensemble de cercles concentriques qui représentent trois dimensions de la personne. Celles-ci seront désignées par les trois termes suivants: le comportement, l'énergie organismique et le champ perceptuel. Le terme dimension, employé de préférence aux termes éléments, parties ou régions, n'est pas le fait du hasard. Il résulte d'une option méthodologique, celle de considérer l'individu comme un tout. Plutôt que de construire un modèle qui présenterait des instances psychologiques en interaction les unes avec les autres, tels que le Id, l'ego et le super-ego de Freud (1), plutôt que d'identifier des facultés ayant chacune leur fonctionnement autonome à la façon du modèle Aristotélicien (2), la psychologie perceptuelle préfère un modèle qui n'introduit aucune division structurale à l'intérieur de la personne. Les cercles du modèle de la figure 1 prennent une signification importante dans cette perspective: ils permettent de recueillir des données psychologiques qui concernent l'individu dans son ensemble. Plusieurs psychologues ont retenu le terme «holistique» pour signifier cette option méthodologique (3).

LE COMPORTEMENT

Le comportement est défini comme l'ensemble des réactions de la personne objectivement observables de l'extérieur (4). Si je me prends comme exemple, mon comportement est tout ce qui peut être enregistré de l'extérieur par les sens d'un observateur ou par un instrument quelconque. Mon comportement peut être verbal lorsque des mots et des phrases sont produits par mes cordes vocales; il peut être non-verbal lorsqu'il constitue un langage corporel: tels sont les gestes, les mimiques, les tics nerveux, les sourires, l'expression des yeux, la position du corps, l'apparence physique, l'odeur, la texture de la peau, les ondes électriques émises par mon système nerveux, la sueur, la tension musculaire, les pulsations cardiaques, etc.

La notion de comportement est l'une des plus utilisées en psychologie. La psychologie elle-même se présente souvent comme une science du comportement. C'est son caractère objectif, et le fait qu'il est directement accessible à l'observation, qui font du comportement humain un objet privilégié de la recherche scientifique. Le behaviorisme, pour sa part — l'une des deux premières forces en psychologie selon l'expression de Maslow — a proposé de bannir de la psychologie tout ce qui n'est pas directement observable (5).

Selon les tenants de l'Ecole behavioriste, le cercle périphérique du modèle de la figure 1 est le seul qui convienne à leur option méthodologique. Même le terme «personne humaine» est suspect. On préfère s'en tenir à la notion d'organisme sans se préoccuper des harmoniques subjectives de cet organisme et encore moins de ses dimensions inconscientes. On y traite l'être humain comme une forme plus évoluée et plus complexe de l'espèce animale. Quelle que soit la complexité de cet organisme, celui-ci est considéré comme une variable intermédiaire dans l'explication du comportement humain. Le comportement est essentiellement conçu comme une réponse aux stimuli de l'environnement, le résultat final d'une chaîne de conditionnements dont le psychologue behavioriste se propose de découvrir les lois, selon le schème classique S-R introduit par Pavlov (6), puis développé et perfectionné par les tenants du behaviorisme.

Selon la perspective de la psychologie perceptuelle le comportement demeure une dimension importante de la personne et compte tenu de son option holistique toute la personne est présente dans le moindre comportement humain, si banal soit-il. A la différence du behavioriste, le psychologue perceptuel considère le comportement comme l'expression ou l'aboutissement d'un *processus psychologique* qu'il est possible d'identifier et de soumettre à l'étude scientifique. C'est pourquoi il accrédite et recueille comme faits psychologiques les phénomènes subjectifs dont témoigne le comportement humain; de là un modèle de la personne qui propose une grille d'observation de ce qui se passe au-delà du cercle périphérique (le comportement).

L'ÉNERGIE ORGANISMIQUE

La personne humaine est considérée comme un organisme, c'est-à-dire, un tout organisé. Au plan physique, on peut identifier des parties, ou des organes spécifiques: le coeur, le cerveau, les poumons, des neurones, des muscles, etc. Ces parties ou organes sont en relation les uns avec les autres et constituent un ensemble vivant: l'organisme. Des psychologues ont élargi cette définition de l'organisme pour désigner «l'ensemble des fonctions constitutives de l'homme» (7). Le concept d'énergie est utilisé dans le modèle de la personne pour désigner «ce que possède l'organisme humain qui le rend capable de produire un comportement». L'énergie de l'organisme — l'expression «énergie organismique» sera utilisée désormais — est avant tout une énergie chimique due à la transformation des aliments absorbés par l'organisme. Comment cette énergie est utilisée et transformée en comportements et quel est le lien entre cette énergie et la conscience psychologique, voilà des questions fondamentales pour le psychologue. Les théories les plus variées et les plus contradictoires sont élaborées pour rendre compte de ce phénomène. Des discussions interminables opposent les représentants des différentes sciences humaines à ce sujet: les uns parlent de transformation de l'énergie chimique en énergie psychique ou spirituelle; ils cherchent alors à établir les lois qui président à l'utilisation de cette énergie par la personne. Les autres refusent la notion même d'énergie psychique et l'attitude dite «mentaliste» et «non scientifique» de ceux qui utilisent de tels concepts. Un exemple de cette querelle interminable est l'opposition entre la psychanalyse et le behaviorisme. La première école soutient, depuis les découvertes de Freud, l'existence d'une énergie psychique à l'intérieur de la personne, énergie qui prend la forme d'impulsion ou d'instinct. Le behaviorisme pour sa part refuse de voir dans le comportement la manifestation d'une énergie psychique quelconque; il se contente de postuler une énergie chimique dont la transformation en comportement spécifique est le résultat d'un conditionnement extérieur à l'organisme.

Le modèle de la figure 1 ne préjuge pas des résultats éventuels de ces discussions mais il reconnaît la présence à l'intérieur de la personne humaine d'une énergie organismique. Qu'elle soit chimique ou psychique, il la considère comme une dimension importante dont il faut tenir compte pour comprendre adéquatement la personne. C'est cette dimension en particulier qui permettra l'étude de la motivation, thème important de la psychologie. La représentation schématique de la figure 1 comporte un noyau central opaque pour signifier que la nature de l'énergie organismique échappe au champ de la conscience de la personne. Nous pouvons être conscients qu'une énergie agit en nous, grâce à ses manifestations dans le champ de la conscience, mais dans le fonctionnement quotidien cette énergie est une donnée inconsciente. Le modèle la reconnaît comme telle.

LES PROCESSUS INCONSCIENTS

En introduisant la dimension de l'énergie organismique, le modèle permet aussi d'intégrer tous les processus inconscients de la personne humaine. Que l'on soit d'accord ou non avec les théories freudiennes concernant l'énergie psychique, on ne peut ignorer le fait qu'un individu est conscient d'une partie seulement de tout ce qui se passe à l'intérieur de lui-même. Au niveau biologique, par exemple, nous ne cessons de découvrir des processus, tous plus complexes les uns que les autres, qui nous permettent de vivre, ou nous empêchent de bien vivre lorsque nous sommes malades. Même si nous pouvons enregistrer les manifestations conscientes de ces processus (malaises, tensions, anxiétés, etc.), nous savons par les recherches scientifiques qui en sont faites que leur subtilité et leur complexité nous échappent fondamentalement. De tels processus se déroulent en nous, à notre insu, et ils ont pourtant un effet déterminant sur notre comportement. Les psychanalystes, pour leur part, ont réussi à identifier et à contrôler, dans certains cas, des processus identiques au plan psychologique (8).

Le modèle utilisé ici permettra donc de reconnaître au-delà ou en deçà du champ de la conscience, tous ces processus inconscients qui interviennent dans la transformation en comportement de l'énergie organismique. C'est pourquoi le noyau central du modèle n'est pas fermé: les tracés opaques, qui le relient au cercle périphérique du comportement, représentent les processus à la fois biologiques et psychologiques grâce auxquels l'énergie organismique est transformée en comportement observable.

LE CHAMP PERCEPTUEL

L'espace compris entre le cercle périphérique et les parties opaques du modèle de la figure 1 représente la troisième dimension de la personne humaine: le champ perceptuel. Il est l'objet spécifique de la psychologie perceptuelle. Il peut être considéré comme l'ensemble des processus conscients par lesquels l'énergie organismique est transformée en comportement. Même si le modèle intègre les processus inconscients autonomes, il postule en vertu de son caractère holistique, qu'il y a toujours une manifestation consciente de ces processus. En conséquence le champ perceptuel, tout comme le comportement et l'énergie organismique, est une constante de la personne humaine. Même si des processus agissent à l'insu de la personne, celle-ci est toujours consciente d'être le lieu de ces processus et elle en a toujours une certaine perception. C'est cette perception qui intéresse le psychologue perceptuel.

La notion de perception désigne la représentation, à l'intérieur de la personne humaine, des objets extérieurs ou des stimulations internes de l'organisme. Le terme perception souligne le caractère subjectif du processus par lequel un individu appréhende la réalité au moyen de ses sens, externes et internes.

Le champ perceptuel désigne l'ensemble des perceptions d'un individu; ce terme est synonyme de conscience psychologique et de champ phénoménal. De façon plus globale, on peut référer à cette dimension de la personne en parlant de la subjectivité d'un individu, ou de son «monde intérieur». En bref, c'est tout ce qui permet à un individu de prononcer le mot «je»: chacun y réfère lorsqu'il utilise des expressions comme celles-ci: «je pense, je sens, je crois, je suis, j'ai l'impression, j'éprouve, j'ai le sentiment, je ressens, je veux, je préfère, etc.»

Dans un traité classique de psychologie perceptuelle, Combs et Snygg (9) soulignent que l'on peut observer le comportement humain de deux points de vue, ou selon deux cadres de référence: celui d'un observateur extérieur et celui de la personne elle-même. Le premier est un cadre de référence dit «objectif» ou «externe». Le second est un cadre de référence dit «perceptuel», «personnel» ou «phénoménal». C'est ce dernier qu'adopte la psychologie perceptuelle. Elle se donne comme tâche de recueillir comme données scientifiques le contenu de la conscience humaine pour en dégager les constantes et les lois de l'agir humain. C'est dire que le psychologue perceptuel associe à sa recherche tous les individus avec lesquels il travaille et que ses hypothèses sont toujours soumises à la vérification «expérientielle» de ses interlocuteurs. On retrouve beaucoup d'affinités entre le psychologue perceptuel et ceux qui préfèrent identifier leur approche par les termes «psychologie existentielle» ou «psychologie expérientielle». Les différences entre cette psychologie perceptuelle et la psychologie dite existentielle ne sont pas toujours faciles à établir (10). La préoccupation «existentielle» déborde par ailleurs le domaine de la psychologie perceptuelle. On la retrouve en psychanalyse où un nombre croissant d'auteurs qualifient leur approche d'existentielle (11). Un autre exemple est celui de Laing qui se propose de «rendre compte dans un langage accessible à tous et dans une optique existentielle, de certaines formes de folie» (12).

En réalité, que le psychologue choisisse de privilégier dans sa recherche la subjectivité de la personne, son comportement ou ses dynamismes inconscients, il est finalement confronté au champ perceptuel de son sujet lorsqu'il agit professionnellement auprès d'une personne concrète. Ce qui caractérise la psychologie perceptuelle c'est l'option méthodologique qui lui fait privilégier comme données scientifiques celles qu'elle peut recueillir et vérifier grâce à la conscience psychologique de la personne humaine.

On s'est beaucoup interrogé dans les milieux académiques sur la possibilité d'une science du subjectif. L'interrogation a même pris l'ampleur d'une querelle d'écoles dans plusieurs cas. Un dialogue classique à ce sujet est rapporté par Wann (13): il s'agit d'un symposium où Rogers et Skinner confrontent leur conception de la science. Rogers, pour sa part, explicite différentes formes de la démarche scientifique et, parmi elles, ce qu'il appelle le *subjective knowing* qu'il privilégie (14). Quoi qu'il en soit de ces discussions, l'approche perceptuelle est effectivement adoptée par un nombre croissant de psychologues et le temps semble révolu où ces derniers se sentaient obligés de justifier leur approche. Des regroupements aussi importants que la «Humanistic Psychology», par exemple, et les travaux scientifiques qui en découlent (15) ont suffisamment accrédité l'approche perceptuelle pour que les chercheurs concentrent désormais leur énergie à la compréhension de la personne humaine, sans se laisser distraire par les querelles d'écoles.

Dans le modèle de la personne utilisé ici, la section comprise entre le cercle périphérique et les zones opaques désigne donc le champ perceptuel de l'individu. Sans se préoccuper des processus inconscients qu'il reconnaît à l'intérieur de la personne, sans pouvoir expliquer de façon exhaustive l'origine ou les conséquences de la plupart des phénomènes qu'il identifie, le psychologue perceptuel essaie de codifier les phénomènes observés et d'en dégager des lois de fonctionnement de la personne humaine. Cela ne peut se faire sans un minimum de postulats méthodologiques qui seront explicités au chapitre deuxième.

Avant de passer à l'explicitation des postulats, il peut être utile de préciser la nature des phénomènes psychologiques et le type de données que le psychologue essaie de recueillir à l'intérieur du champ perceptuel (tel que représenté par la troisième dimension du modèle de la figure 1). Le champ perceptuel comprend les réalités suivantes: les émotions, les sentiments, les phénomènes de la pensée, du raisonnement, de l'intelligence, de la volonté, les expériences (16) de toutes sortes, les attitudes, les valeurs, les phénomènes de motivation, et en général tout ce que peut cerner le vocabulaire utilisé pour parler du monde subjectif d'une personne humaine.

Le champ perceptuel n'est pas conçu cependant, pas plus que les autres dimensions déjà présentées, comme un élément statique qui en ferait une sorte de réservoir ou un lieu des émotions, des pensées, etc. C'est une limite du modèle de représenter de façon spatiale les réalités qui sont essentiellement dynamiques et se présentent toujours à la façon de processus. Il est donc important de dépasser l'image apparente d'un lieu physique pour respecter le caractère holistique du modèle, tel que décrit au début du présent chapitre. C'est d'ailleurs pour faciliter une telle compréhension que la troisième dimension du modèle est identifiée par la notion de champ. Combs et Snygg (17) rappellent que la notion de champ a été introduite en science parce que la plupart des données qui intéressent l'homme de science ne peuvent être considérées comme des «choses»; on ne peut les traiter qu'à la façon d'interrelations. Plusieurs des phénomènes observés devront être traités sans que l'on puisse identifier clairement les liens de cause à effet. La notion de champ perceptuel est donc utilisée pour tenir compte des interactions entre les données de la conscience sans que l'on puisse toujours établir les liens entre ces phénomènes.

Notons aussi que le champ perceptuel recouvre l'ensemble des phénomènes et des expériences vécus par une personne. Cela ne veut pas dire que tous ces phénomènes sont simultanément présents dans le champ perceptuel. C'est d'ailleurs une des caractéristiques de l'être humain que sa capacité de diriger les processus de sa conscience, un peu à la façon d'un spot intérieur qui balaierait le champ de la conscience. Je peux, présentement, choisir de devenir conscient de telle ou telle partie de mon corps; je dirige présentement mon attention vers mon pied droit qui repose sur le sol et dont j'ai une sensation interne. Je peux aussi éveiller telle émotion ou tel sentiment, ou ramener au foyer de la conscience tel problème sur lequel j'ai déjà longuement réfléchi. Je n'ai pas un pouvoir absolu sur ce balayage que je fais à l'intérieur de mon champ perceptuel, mais je le contrôle jusqu'à un certain point. Un des éléments qui limitent cette direction consciente du champ perceptuel est l'action continuelle de l'énergie organismique et du monde extérieur qui peuvent solliciter voire mobiliser totalement le champ de la conscience. En plus des dynamismes plus ou moins conscients qui orientent le champ perceptuel, il faut aussi mentionner la mémoire. Dans le champ perceptuel la mémoire désigne tous les phénomènes qui ne sont pas immédiatement au foyer de la conscience d'une personne mais qui peuvent être ramenés, à volonté ou par une influence externe, au foyer de la conscience.

LE SOI

Le dernier élément du modèle de la figure 1 est représenté par le cercle intermédiaire et est identifié par le terme *soi*, traduction de l'expression *self* utilisée par les auteurs américains. La notion de soi permet de distinguer à l'intérieur du champ perceptuel deux grandes catégories de perceptions: les perceptions qui ont pour objet l'environnement et celles qui ont pour objet l'organisme lui-même. Le soi, ou image de soi, est donc l'ensemble des perceptions qu'un individu a de lui-même. Ces perceptions peuvent correspondre ou non à la réalité perçue par un observateur extérieur. La représentation graphique, par le cercle intermédiaire (fig. 1) de l'ensemble de ces perceptions, ne préjuge pas pour l'instant du degré d'accord entre ces perceptions et la réalité. Ce problème de l'accord sera discuté plus loin.

La notion de *self* est utilisée depuis très longtemps en psychologie. William James (18) semble être le premier à l'avoir employée. Dans une récente revue de la littérature sur le *self* (19), L'Ecuyer a dégagé les constantes et les divergences théoriques chez les auteurs qui traitent de cette réalité.

Chapitre II

LES POSTULATS DE LA
PSYCHOLOGIE PERCEPTUELLE

Le modèle présenté au premier chapitre a permis d'identifier trois méthodologies classiques dans l'étude de la personne humaine: la méthode dite behavioriste qui aborde la personne sous l'angle du comportement, perçu comme le résultat de conditionnements extérieurs; la méthode psychanalytique qui privilégie l'étude de l'énergie organismique et les processus inconscients; et enfin la méthode perceptuelle qui cueille ses données à l'intérieur du champ perceptuel. Chacune de ces méthodologies repose sur des postulats. Le but du présent chapitre est d'expliciter deux postulats de la psychologie perceptuelle: le premier porte sur la façon de concevoir l'action de l'énergie organismique à l'intérieur de la personne; le second explicite la perspective dans laquelle le psychologue perceptuel étudie la personne.

LA TENDANCE À L'ACTUALISATION

La psychologie perceptuelle, de par le choix qu'elle fait, restreint ses observations de base au champ de la conscience. En conséquence, elle n'élabore aucune théorie spécifique sur la nature de l'énergie organismique. Il est difficile cependant de traiter de la personne humaine sans prendre position, au niveau d'un postulat, sur cette dimension de la personne. Le modèle reconnaît déjà la présence d'une telle énergie, ainsi que les processus inconscients par lesquels cette énergie est transformée en comportement observable, mais cela n'est pas suffisant. Avant d'entreprendre la cueillette des données perceptuelles, le psychologue doit se munir d'une clé d'interprétation lui permettant de comprendre les manifestations de cette énergie dans le champ perceptuel. Cette clé d'interprétation est fournie par le postulat d'une tendance à l'actualisation.

L'expression «tendance à l'actualisation» a été popularisée dans la littérature psychologique par un des représentants les plus connus de la troisième force: Carl Rogers. Il la définit comme suit: «Tout organisme est animé d'une tendance inhérente à développer toutes ses potentialités et à les développer de manière à favoriser sa conservation et son enrichissement» (1). Dans cette façon de concevoir l'énergie organismique, Rogers, comme la plupart de ses contemporains de la troisième force, est lui-même tributaire de Kurt Goldstein, un des premiers à avoir postulé dans l'organisme humain cette tendance à l'actualisation de soi (12). Un tel postulat suppose une prise de position qui ne va pas de soi. Elle va à l'encontre du behaviorisme pour qui les facteurs majeurs qui structurent la personne humaine sont ceux de l'environnement. Celui qui postule une tendance à l'actualisation considère la personne comme un agent dont l'énergie organismique est dirigée; dirigée spontanément, de façon innée, vers l'actualisation de la personne. Pour juger de la pertinence de cette affirmation, il faudra expliciter ce qu'est l'actualisation et comment elle se concrétise dans le développement de la personne; il faudra aussi tenir compte des faits évidents de non-actualisation que nous avons sous les yeux quotidiennement; mais en postulant une tendance à l'actualisation le psychologue perceptuel choisit une clé d'interprétation qui orientera toute sa recherche. Il est important de souligner ici qu'il s'agit d'un choix; c'est la différence entre l'affirmation scientifique qui peut faire l'objet d'une démonstration, et le postulat qui, lui, échappe au domaine de l'expérimentation. Postuler une tendance à l'actualisation c'est donc choisir une façon de considérer l'énergie organismique. Est-ce un choix meilleur qu'un autre? Est-ce un choix valable? D'où vient un tel choix? Quelles en sont les conséquences? Voilà autant de questions qui se posent maintenant.

A la première question — est-ce un choix meilleur qu'un autre? — il n'y aura jamais de réponse entièrement satisfaisante. Si quelqu'un pouvait établir que c'est là le meilleur choix possible, il n'y aurait plus lieu d'en faire un postulat. Cette affirmation serait de l'ordre de l'évidence et rallierait tous les chercheurs. Or, d'une part, nous ne disposons d'aucune méthode d'observation directe de cette énergie organismique et, d'autre part, les faits qui alimentent un tel postulat sont des faits ambigus qui se prêtent à de multiples interprétations. La réponse à notre première question est donc relative; relative à l'utilisation que l'on veut faire de la théorie qui sera élaborée à partir d'un tel postulat. Rappelons qu'une théorie est un instrument de travail et qu'elle n'a pas de valeur en soi; ceci nous amène à la seconde question: est-ce un choix valable, c'est-à-dire un choix qui me permettra de disposer d'un instrument adéquat pour comprendre la personne humaine

A cette deuxième question les réponses sont très variées. Les behavioristes en doutent: ce n'est pas un bon choix, car cela introduit dans la science des catégories dites «mentalistes» qui ne sont pas vérifiables et risquent de conduire à toutes sortes d'affirmations gratuites (non-scientifiques) sur l'être humain. D'autres répondent oui; spécialement des psychologues-praticiens qui ont acquis la conviction que ce postulat permet de développer une théorie utile du développement humain et des relations interpersonnelles; théorie qui permet d'accroître les conditions favorables au développement de la personne et de la société. Le lecteur sera en mesure de formuler son propre jugement au terme du présent ouvrage qui prétend lui fournir une théorie basée sur le postulat d'une tendance à l'actualisation.

La troisième question est plus précise: d'où vient un tel choix? Les faits sont nombreux, qui ont conduit des chercheurs à formuler le postulat d'une tendance à l'actualisation. Pour Kurt Goldstein, c'est l'étude des troubles de comportement et de la neuro-physiologie qui l'a conduit à un tel postulat. Pour Carl Rogers, c'est une longue expérience de la psychothérapie, telle qu'il la décrit dans un article intitulé: «Qui je suis» (3). Pour Abraham Maslow, c'est fondamentalement une expérience personnelle, celle qu'il a eue à la naissance de son premier enfant (4). Pour d'autres, enfin, c'est l'expérience quotidienne de la croissance personnelle, perçue comme un processus qui triomphe progressivement des contraintes et des déterminismes de toutes sortes, et se concrétise dans une plus grande autonomie face à l'environnement extérieur (5).

Pour ce qui est de la quatrième question: — «Quelles sont les conséquences d'un tel postulat?» — la réponse deviendra évidente au cours des chapitres suivants. On peut souligner dès maintenant une des conséquences: la prise en charge personnelle qui en découle. S'il y a telle chose en moi qu'une énergie organismique orientée de par sa nature vers ma propre actualisation, je ne puis attribuer au seul environnement les limites que je découvre en moi et les manques d'actualisation; je ne suis pas dans un état de dépendance totale face à l'environnement, mais dans la position de celui qui négocie avec l'environnement, dans le but d'y créer les conditions qui facilitent mon propre développement. Le même raisonnement s'applique face au bagage héréditaire que j'ai reçu à ma naissance. Quel que soit le potentiel dont j'hérite, l'énergie dont je dispose normalement me permet de prendre en charge mon propre devenir et de diriger de façon satisfaisante les processus d'actualisation. L'idée de négociation, employée plus haut, reconnaît par ailleurs la limite inverse: si je ne suis pas tout à fait dépendant de l'environnement, je n'ai pas par ailleurs plein pouvoir sur lui. Bref, il reste vrai que je suis partiellement orienté par mon hérédité et que j'ai à composer avec un environnement qui peut échapper à mon contrôle. L'image de la négociation, malgré la connotation mercantile qu'elle peut impliquer, rend compte adéquatement de l'interaction de la personne avec son environnement. Dans toute négociation il y a deux interlocuteurs dont les intérêts sont souvent divergents mais qui cherchent la solution la plus adéquate. Telle est bien la façon dont se déroule le processus d'actualisation de la personne.

Le postulat de la tendance à l'actualisation ne signifie pas, en effet, qu'il y a en nous un automatisme dont l'issue assurée est l'actualisation effective de la personne. L'énergie organismique est de nature à promouvoir cette actualisation mais elle sera agissante dans la mesure où la personne sera libre d'entraves de toutes sortes: entraves physiques héréditaires qui dans certains cas peuvent compromettre définitivement l'actualisation de la personne; entraves psychologiques, sociales et culturelles qui peuvent contrôler indûment ou dévier l'orientation spontanée de cette énergie actualisante. Postuler une tendance à l'actualisation ce n'est pas minimiser les difficultés de ce processus; c'est tout simplement considérer que la force la plus primitive de l'organisme humain est une force d'actualisation plutôt qu'une force destructrice qu'il faut contrôler de l'extérieur. Le chapitre quatrième permettra d'expliciter les conditions facilitantes nécessaires pour qu'il y ait processus d'actualisation.

La psychologie perceptuelle ne rejette pas non plus la nécessité d'un contrôle de l'énergie organismique dans le processus d'actualisation. En postulant une tendance à l'actualisation elle prend pour acquis que ce contrôle s'exerce spontanément et qu'il fait partie d'un processus inné d'autorégulation. Rogers le décrit comme un processus d'évaluation organismique: «L'enfant, tel qu'il est conçu ici, est équipé d'un système inné de motivation (la tendance à l'actualisation, propre à tout être vivant), et d'un système inné de contrôle (le processus d'évaluation «organismique») qui, par voie de communication interne automatique, maintient l'organisme au courant du niveau de satisfaction des besoins émanant de la tendance à l'actualisation» (6). Cette façon de concevoir le contrôle a, elle aussi, des conséquences, en particulier dans le domaine de l'éducation et des relations interpersonnelles. Les chapitres suivants permettront d'en mesurer toute la portée.

LE PRIMAT DE LA SUBJECTIVITÉ

Le second postulat central de la psychologie perceptuelle explicite la perspective dans laquelle le psychologue étudie la personne humaine. Il reflète le choix d'adopter le champ perceptuel de la personne comme cadre de référence pour comprendre son fonctionnement et son comportement. Le psychologue en tant qu'homme de science, estime que le comportement humain est soumis à des lois qu'il essaie de découvrir. Dans cette recherche des lois, il doit établir certains principes de base. La formulation de ces lois, par exemple, sera bien différente s'il cherche à expliquer le comportement comme une réponse à des stimuli de l'environnement ou au contraire s'il cherche à formuler ces lois par rapport au dynamisme intérieur de la personne. Traditionnellement, la psychanalyse choisit comme principe d'interprétation du comportement la motivation inconsciente soumise à l'action plus ou moins déformante des mécanismes de défense; le behaviorisme choisit l'effet conditionnant de l'environnement selon le schème stimulus-réponse; la psychologie perceptuelle, pour sa part, postule que *le comportement est totalement déterminé par le champ perceptuel de la personne qui agit, au moment où elle agit.* Il n'affirme pas que le comportement est uniquement déterminé par la perception. Son postulat est plutôt d'ordre méthodologique et il serait tout aussi juste de dire que le psychologue perceptuel fait «comme si» le comportement était totalement déterminé par le champ perceptuel. On pourrait de la même façon affirmer que le behavioriste fait «comme si» les données subjectives étaient quantité négligeable, pour des raisons méthodologiques.

Les remarques déjà faites plus haut au sujet du choix qui est sous-jacent à un postulat, de son caractère indémontrable, et de sa valeur relative, s'appliquent ici. Il n'est donc pas question de prouver que c'est une bonne façon, et encore moins la meilleure façon de procéder, dans l'étude de la personne. Il s'agit plutôt de bien expliciter ce que signifie ce postulat, et quelles en sont les principales conséquences pour l'étude de la personne qui en découle.

Le postulat repose sur une constatation: lorsque nous appréhendons la réalité, la perception que nous en avons est pour nous *la réalité*. L'exemple extrême de l'illusion ou du mirage est frappant. Le marcheur assoiffé qui perçoit de l'eau dans le désert sous l'effet combiné de la soif, de la chaleur, et des reflets du soleil sur le sable, ne fait pas la distinction entre la réalité objective et la réalité qu'il perçoit: il «voit» de l'eau et marche dans cette direction pour se désaltérer. Pour lui il y a de l'eau et son comportement prend un sens à partir du moment où je sais qu'il a perçu de l'eau, même si, objectivement parlant, je sais aussi qu'il n'y a que du sable. Il en est ainsi de celui qui vit une hallucination. Un de mes amis me rapportait récemment l'expérience troublante qu'il a vécue au volant de sa voiture lorsqu'il vit subitement défiler devant lui, sur une autoroute où il filait à 80 milles à l'heure, des éléphants roses qui lui coupaient la route. Une première fois, il faillit perdre le contrôle de sa voiture en appliquant les freins trop brusquement. Après avoir constaté l'absurdité de sa réaction et avoir reconnu l'absence totale d'éléphant sur la route, il poursuivit son chemin pour revivre une seconde fois le même phénomène d'hallucination. Or, malgré l'absurdité évidente — et la conscience qu'il avait de cette absurdité — de ses perceptions, il dût faire un effort énorme pour poursuivre son chemin, tout en ayant le sentiment réel d'enfoncer les éléphants qu'il voyait sur le chemin, jusqu'à ce que l'hallucination prenne fin. Ce qui l'a tellement bousculé, par la suite, c'est le caractère réaliste de cette perception qu'il savait être le produit de son imagination. Hallucination qu'il pouvait d'ailleurs expliciter assez facilement compte tenu d'un manque prolongé de sommeil à ce moment; le contenu reproduisait des statuettes d'éléphants qui l'avaient beaucoup impressionné dans son enfance.

L'exemple du mirage et l'anecdote des éléphants sont de type exceptionnel et ils ne prouvent rien en eux-mêmes; ils soulignent cependant jusqu'à quel point les perceptions sont vécues comme réelles. Deux témoins honnêtes d'un même accident sont tous les deux persuadés de la véracité de leurs versions, même si celles-ci s'opposent sur tous les points. Ils ont effectivement perçu, ou perçoivent maintenant, la réalité qu'ils décrivent à partir de l'expérience qu'ils en ont eue. Il en va de même des perceptions plus banales de la vie quotidienne: objectivement parlant, toutes les personnes qui ont peur des souris et des couleuvres savent que «les petites bêtes ne mangent pas les grosses», mais il n'en demeure pas moins que leur comportement résulte de la réalité telle qu'elles la perçoivent et cette réalité est menaçante et dangereuse.

La psychologie perceptuelle choisit, comme méthode de travail, de toujours relier le comportement de la personne à l'ensemble de son champ perceptuel. Elle donne priorité au cadre de référence de celui qui agit. Elle croit pouvoir bâtir une théorie cohérente de la personne et des relations interpersonnelles, en cueillant des données dans la subjectivité même des individus: tel est le sens de l'expression primat de la subjectivité qui identifie le second postulat. On peut formuler autrement ce postulat en affirmant, comme l'a fait Carl Rogers, que chacun d'entre nous «vit dans un univers subjectif dont il occupe le centre» (7).

Le primat de la subjectivité ne signifie pas que la réalité objective est sans importance. Au contraire, celle-ci conserve une influence majeure sur le comportement car elle demeure un critère de validité des perceptions. Mais quel que soit le degré d'accord auquel je puis parvenir, le postulat actuel suppose qu'il y a toujours un certain écart entre la réalité en soi et la réalité telle que je la perçois; il permet d'ajouter que, de toute façon, c'est la perception que j'ai de cette réalité qui détermine mon comportement. Le même raisonnement s'applique à l'influence de l'énergie organismique qui agit continuellement sur le champ perceptuel. Des mécanismes inconscients peuvent même déformer totalement les perceptions et entraîner des erreurs systématiques dans la façon de percevoir la réalité, mais la conclusion est la même: c'est dans la subjectivité de la personne, dans son champ perceptuel, que l'on peut trouver les facteurs qui déterminent immédiatement son comportement.

On peut voir la différence d'optique entre la psychologie perceptuelle et la psychanalyse qui s'intéresse aux processus inconscients par lesquels l'énergie organismique est transformée en comportement. Dans le premier cas, on privilégie les processus conscients: on suppose qu'il ne peut y avoir transformation d'énergie en comportement sans une manifestation dans le champ perceptuel de la personne. Cela découle du modèle décrit au chapitre premier qui reconnaît les trois dimensions (comportement, énergie organismique et champ perceptuel) comme simultanément présentes à chaque instant de l'agir humain.

Une formule empruntée à Kurt Lewin (8) peut servir à résumer le postulat énoncé ici:

«Ct=fP (S, E), t»

C = comportement, t = à un instant donné, f = fonction, P = perception, S = soi *(self)*, E = environnement. La formule se lit comme suit: le comportement d'une personne à un instant donné est fonction de la perception que cette personne a d'elle-même et de son environnement, à cet instant donné.

Plusieurs conséquences de l'option sous-jacente au postulat du primat de la subjectivité apparaîtront dans l'explicitation ultérieure de la théorie de la motivation et des relations interpersonnelles (chapitres 3 et 5 à 8); mais on peut déjà en souligner quelques-unes.

Une première conséquence se manifeste dans la relation du psychologue perceptuel avec son interlocuteur, en l'occurrence la relation que l'auteur du présent volume établit avec le lecteur. En choisissant d'accorder la priorité au champ perceptuel comme facteur explicatif du comportement, le psychologue se désiste du privilège du savant: il n'est plus celui qui sait des choses sur la personne en face d'un profane qui ignore tout de cette personne. Il devient plutôt un guide qui peut fournir des jalons pour l'exploration que chacun veut faire de son propre champ perceptuel. C'est en vertu de ce postulat que dès l'introduction du présent volume, le lecteur était associé à la démarche scientifique qui lui était proposée.

Une autre conséquence du choix méthodologique contenu dans le second postulat est la nécessité de redéfinir ce qu'est l'objectivité. S'il est vrai que chacun «vit dans un univers subjectif dont il occupe le centre», y a-t-il place pour l'objectivité? Dans le contexte perceptuel, la recherche d'objectivité demeure, mais elle est présentée comme le résultat d'une inter-subjectivité. Cette recherche devient une approximation de plus en plus adéquate de la réalité, grâce à la multiplicité des perceptions. On a toujours exigé d'ailleurs de toute proposition scientifique, qu'elle puisse être soumise à la vérification de plusieurs observateurs indépendants. En cela l'attitude du psychologue perceptuel ne s'écarte pas de la tradition scientifique. Au lieu de restreindre, cependant, cette vérification au cercle scientifique qui dispose de l'équipement méthodologique pour reproduire des expériences complexes, il élargit ce cercle pour y associer toute personne capable de soumettre sa subjectivité à une observation rigoureuse, et systématique.

Une autre conséquence du primat de la subjectivité est l'importance d'une vérification constante de ses perceptions. A cet égard, l'objectivité résulte d'une «subjectivité qui est consciente d'elle-même». Plus l'individu adopte ce primat de la subjectivité, plus il développe des mécanismes de vérification et cherche le feed-back de la réalité, obtenant ainsi une meilleure approximation de cette réalité, c'est-à-dire une plus grande objectivité. Il est vrai, cependant, que le postulat énoncé ici exclut la possibilité d'une objectivité pure.

Retenons, enfin, que cette façon d'aborder la personne humaine soulève une autre question, celle du changement des perceptions. Comment agir sur ses propres perceptions et sur celles des autres? Comment, en particulier, faire la critique des perceptions de soi pour arriver à une connaissance adéquate de sa propre personne? Voilà l'angle sous lequel le psychologue perceptuel aborde le domaine de la croissance et du changement personnels. Les chapitres qui suivent fourniront les instruments nécessaires pour répondre à de telles questions.

Chapitre III

LA MOTIVATION

Le champ perceptuel, tel que défini dans les premiers chapitres, peut être considéré comme un ensemble de processus conscients par lesquels l'énergie organismique est transformée en comportement. Un de ces processus est celui de la motivation. Pour étudier ce thème, la notion de besoin sera introduite. Le besoin est défini dans le dictionnaire Robert comme «une exigence née de la nature ou de la vie sociale». Comprenons que l'énergie organismique, d'une part, et l'environnement, d'autre part, contribuent à faire émerger dans le champ de la conscience un ensemble complexe de besoins qui, à leur tour, dirigent le comportement de la personne.

La motivation est une réalité que l'on a beaucoup étudiée en psychologie. De fait, il y a plusieurs façons d'identifier les besoins humains, toutes aussi valables les unes que les autres, selon l'utilisation que l'on veut faire de la théorie élaborée. Certains auteurs attirent l'attention sur un seul aspect du processus motivationnel. C'est le cas par exemple du besoin d'actualisation de soi chez Goldstein (1) et Angyal (2), du besoin «d'adéquacité» de Snygg et Combs (3), du besoin d'accomplissement de soi de McClelland (4), du besoin de signification de Frankl (5), etc. D'autres tentent plutôt d'établir une sorte d'inventaire des principales sources de motivation, et identifient une multitude de besoins. Telles sont par exemple les théories de Maslow (6), Murray (7), Nuttin (8), Linton (9), etc. Le but du présent chapitre est de permettre au lecteur de faire un bilan personnel de ses propres besoins; c'est pourquoi la grille proposée essaie de couvrir l'ensemble des processus motivationnels déjà observés et analysés par d'autres auteurs. Cette grille se présente comme une synthèse des recherches antérieures sur le sujet, et se veut exhaustive par rapport aux éléments de motivation directement accessibles à la conscience d'une personne. L'hypothèse de base est la suivante: l'effet le plus immédiat de la tendance à l'actualisation est de transformer l'énergie organismique en besoins fondamentaux dont la satisfaction entraîne une actualisation effective de la personne humaine.

La grille proposée présente, d'abord, un ensemble de besoins fondamentaux, considérés comme innés et universels; viennent ensuite des besoins structurants qui sont acquis au cours du développement de la personne et qui sont des moyens privilégiés de satisfaire aux besoins fondamentaux. Ces besoins structurants se concrétisent enfin dans une série infinie de besoins situationnels que l'on peut identifier directement dans l'expérience de chaque jour. Le tableau de la figure 2 résume cette grille. Seule une partie des éléments de la première colonne, les besoins fondamentaux d'ordre psychologique, se présente comme exhaustive; les deux autres colonnes présentent des exemples de besoins structurants et situationnels qui, selon leurs définitions mêmes, sont en nombre illimité.

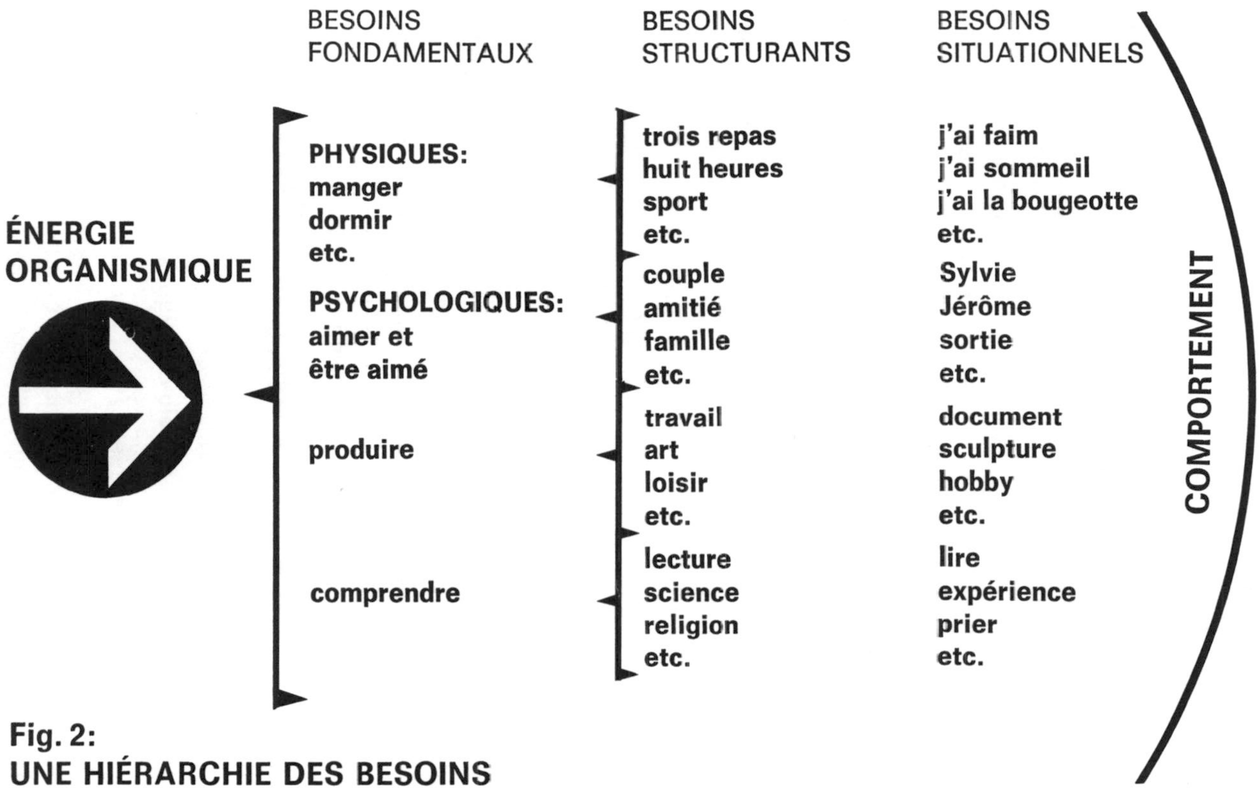

COMPORTEMENT

BESOINS
SITUATIONNELS

j'ai faim
j'ai sommeil
j'ai la bougeotte
etc.

Sylvie
Jérôme
sortie
etc.

document
sculpture
hobby
etc.

lire
expérience
prier
etc.

BESOINS
STRUCTURANTS

trois repas
huit heures
sport
etc.

couple
amitié
famille
etc.

travail
art
loisir
etc.

lecture
science
religion
etc.

BESOINS
FONDAMENTAUX

PHYSIQUES:
manger
dormir
etc.

PSYCHOLOGIQUES:
aimer et
être aimé

produire

comprendre

ÉNERGIE
ORGANISMIQUE

Fig. 2:
UNE HIÉRARCHIE DES BESOINS

LES BESOINS FONDAMENTAUX

Le besoin fondamental est un élément essentiel du processus d'actualisation, il manifeste une exigence innée de l'organisme; exigence qui ne peut être insatisfaite sans conséquences graves pour le développement de cet organisme. C'est ce que signifie le terme «fondamental». Selon l'expression déjà utilisée par Kluckhohn et Murray (10), on peut formuler trois affirmations sur l'être humain, les trois étant simultanément vraies. Première affirmation: «chaque homme est comme tous les autres hommes»; deuxième affirmation: «chaque homme est semblable à certains autres»; troisième affirmation: «chacun est unique». Ces trois affirmations conviennent parfaitement aux trois catégories de la grille présentée dans la figure 2. La première affirmation par exemple convient à la description des besoins fondamentaux: tous les hommes, en vertu même de l'énergie organismique et de la tendance à l'actualisation qui agissent en eux, ont les mêmes besoins fondamentaux.

Le choix des catégories utilisées pour dresser la liste des besoins fondamentaux n'est pas facile à déterminer, car l'expérience des individus et les points de vue théoriques varient beaucoup sur cette question. La grille actuelle repose sur l'hypothèse suivante: l'énumération d'un ensemble indéterminé de besoins physiques, et d'un ensemble déterminé de trois besoins fondamentaux d'ordre psychologique, le besoin d'aimer et d'être aimé, le besoin de produire et le besoin de comprendre, permet de rendre compte adéquatement de tous les phénomènes motivationnels de la personne humaine. L'explicitation de chacune de ces catégories permettra au lecteur d'évaluer la pertinence de cette hypothèse (11).

Les besoins physiques (ou bio-chimiques)

Les besoins physiques (ou bio-chimiques) recouvrent un ensemble indéterminé d'exigences physiques et physiologiques de l'organisme humain. Certains éléments de cet ensemble sont bien connus et leurs manifestations dans le champ perceptuel sont évidentes. Tel est le besoin physique de nourriture dont l'expérience de la faim, et le comportement de manger qui en découle, font partie de la vie quotidienne de toute personne en santé. Il en va de même du besoin d'oxygène dont l'absence entraîne une expérience d'étouffer et commande le comportement de la respiration; du besoin de sommeil dont la fatigue est le témoin expérientiel et dont le comportement du dormeur est un fait observable.

D'autres besoins ne sont pas aussi faciles à identifier. Dans la grille utilisée ici, l'ensemble des besoins physiques reste indéterminé car, d'une part, il appartient davantage aux sciences biologiques d'en déterminer l'origine bio-chimique et, d'autre part, ils ne sont pas spécifiques à la personne humaine. Des études abondantes nous renseignent sur la nécessité physique de fer, de calcium, d'iode, de phosphore, de sucre et de centaines d'autres éléments pour conserver l'équilibre bio-chimique de l'organisme. D'autres études nous renseignent aussi sur les exigences physiologiques qui sont à la base d'une hygiène physique et mentale. Du point de vue perceptuel les témoins de ces différentes exigences sont très peu spécifiques par ailleurs. Tout au plus peut-on parler d'un sentiment de bien-être, de santé, de confort psychologique, ou à l'inverse d'un sentiment de tension, de malaise, d'inconfort, lorsque l'équilibre bio-chimique est rompu. Le caractère non-spécifique de ces manifestations ne permet pas au psychologue d'établir une liste complète des besoins sous-jacents sans l'aide des sciences biologiques. Pour l'élaboration d'une théorie de la personne humaine il suffit d'identifier le processus de transformation énergétique inhérent aux besoins physiques.

Malgré la connaissance partielle que l'on a de cet ensemble de besoins physiques il est essentiel de les introduire dans la liste des besoins fondamentaux de la personne. D'une part, cela correspond à l'expérience de chacun, et d'autre part, leur satisfaction est un prérequis indispensable à l'émergence des autres besoins d'ordre psychologique. Le caractère hiérarchique des besoins est très bien explicité chez Abraham Maslow (12), un auteur classique en matière de motivation. Maslow distingue les besoins par déficience *(Deficiency need)* qui correspondent à peu près à la catégorie des besoins physiques de la grille présentée ici, puis les besoins de croissance *(Growth need)*. Ces derniers émergent selon Maslow dans le champ de la conscience lorsque les premiers ont reçu une satisfaction adéquate. Maslow ajoute aux besoins par déficience ce qu'il appelle le besoin de sécurité, mais c'est là un cas particulier qui sera discuté plus loin au cours du présent chapitre.

Ce caractère hiérarchique que l'on reconnaît dans l'émergence des besoins physiques et psychologiques n'apparaît pas dans la représentation verticale de la figure 2. L'accent est plutôt mis sur le fait que la transformation de l'énergie organismique en besoins fondamentaux se fait selon des processus autonomes. En fait, une absence relative de santé physique n'exclut pas l'émergence des autres besoins. D'un autre point de vue, le développement des besoins structurants et des besoins situationnels dans le prolongement des besoins physiques, peut aussi se faire de façon autonome: la représentation qui apparaît dans la figure 2 permet davantage de suivre l'évolution de la structure motivationnelle de la personne.

Besoin d'aimer et d'être aimé

S'actualiser, ou transformer son énergie organismique en comportement qui permet l'actualisation de la personne c'est, entre autres choses satisfaire un besoin fondamental d'aimer et d'être aimé. De la même façon que le médecin considère l'appétit physique comme un signe de santé de l'organisme, le psychologue identifie l'émergence de ce besoin d'aimer et d'être aimé comme un signe de santé psychologique.

L'état de dépendance matérielle dans lequel se trouve le petit de l'homme à sa naissance suffirait à lui seul à démontrer l'importance d'un lien interpersonnel entre l'enfant et ses parents. On pourrait objecter, bien sûr, qu'il s'agit là d'un lien instrumental et qu'un environnement mécanisé pourrait répondre à tous les besoins de l'enfant. En fait, de nombreuses données scientifiques viennent mettre en doute une telle hypothèse. Les faits les plus révélateurs à ce sujet sont peut-être ceux qu'a recueillis René Spitz (13) dans ses études sur les enfants en milieu hospitalier. Spitz a constaté qu'en l'absence d'un lien stable entre l'enfant et une autre personne, la mère ou un substitut, l'enfant développe une série de symptômes inexplicables au plan médical. La gravité de ces symptômes est telle que l'enfant dépérit au point d'en mourir. Dans le contexte actuel, il ne serait pas faux de dire que ces enfants meurent par manque de satisfaction de leur besoin fondamental d'aimer et d'être aimé.

Parmi les psychologues qui ont étudié la motivation humaine, plusieurs ont intégré dans leurs théories le processus décrit ici sous le titre du besoin d'aimer et d'être aimé. Rogers (14), pour sa part, mentionne un seul besoin fondamental de la personne, le besoin de «considération positive», besoin qu'il décrit aussi comme un besoin d'affection. Les découvertes de la psychanalyse ont démontré également que la plupart des maladies mentales que l'on attribuait autrefois à des facteurs héréditaires, se développent, en fait, dans les toutes premières années de la vie et sont les suites de relations interpersonnelles défectueuses entre l'enfant et son milieu (15).

De façon plus positive, l'apparition spontanée chez l'enfant qui grandit de sentiments chaleureux et d'un comportement par lequel il cherche l'union avec d'autres personnes illustre bien ce besoin fondamental. La somme considérable d'énergie dépensée dans la société, de façon plus ou moins efficace, pour répondre à un tel besoin, va dans le même sens. La littérature, le cinéma, le théâtre et l'art dans toutes ses formes s'alimentent de cette motivation décrite par Eric Fromm (16) comme «le plus puissant dynamisme en l'homme». Il en parle en des termes qui illustrent bien son caractère fondamental: «c'est la passion la plus fondamentale, c'est la force qui maintient la cohésion de la race humaine, du clan, de la famille, de la société. L'échec à le réaliser signifie folie ou destruction — destruction de soi ou destruction des autres. Sans amour, l'humanité ne pourrait survivre un seul jour.» (17)

Ce premier besoin fondamental est décrit comme un besoin d'aimer et d'être aimé plutôt que comme un besoin «d'amour», pour souligner sa dimension concrète et le double mouvement actif-passif qui le caractérise. Dans le bilan que chacun fait de ses motivations conscientes, il n'est pas rare de constater que l'un des deux mouvements peut s'exercer librement alors que l'autre est inhibé. C'est le cas de bien des personnes qui ont intériorisé un idéal moral selon lequel le mouvement «être aimé» a été l'objet de suspicion, le don de soi étant présenté comme le sommet de l'actualisation.

Quoi qu'il en soit des modalités et des facteurs socio-culturels qui affectent l'expérience d'aimer et d'être aimé, l'hypothèse sous-jacente à l'explicitation du premier besoin fondamental est qu'une satisfaction adéquate de ce besoin, dans ses modalités actives et passives, est indispensable à l'actualisation de la personne. L'absence totale de toute manifestation d'un tel besoin, dans le champ perceptuel d'une personne, est donc considérée comme un indice pathologique. Selon cette hypothèse, on peut prédire, par ailleurs, que si les entraves socio-culturelles ou autres qui inhibent un tel besoin sont repérées et supprimées, celui-ci réapparaîtra et donnera à la personne des possibilités de s'actualiser. Cette remarque découle du caractère fondamental du besoin d'aimer et d'être aimé et elle vaudra pour les deux autres besoins de cette catégorie.

Besoin de produire

Le besoin de produire est moins bien identifié que le besoin d'aimer et d'être aimé dans la littérature psychologique. Plusieurs psychologues, Eric Fromm (18) par exemple, le voient comme une façon imparfaite d'obtenir l'union et de vaincre l'angoisse de la séparation, l'amour étant la seule solution adéquate. D'autres, comme Freud (19), voient un signe d'équilibre psychique dans la capacité d'aimer et de travailler; mais le travail est considéré ici comme un indice général de l'équilibre et non comme la satisfaction d'un besoin fondamental.

Malgré l'absence de tradition, dans la littérature psychologique qui traite de la motivation, au sujet du besoin de produire, il semble opportun de l'inclure dans la liste des besoins fondamentaux. L'expérience de créer, la création artistique par exemple, l'expérience du jeu chez l'enfant, l'importance que la plupart des personnes accordent au sentiment de se sentir utiles à quelque chose, sont les indices qui justifient l'introduction de ce besoin spécifique dans la grille des besoins fondamentaux. Sa place dans la grille est encore justifiée par l'identification d'obstacles à l'actualisation que rencontrent plusieurs personnes. Il n'est pas rare de rencontrer un individu qui se dit comblé au plan affectif, mais limité dans sa recherche d'actualisation de lui-même parce qu'il ne réussit pas à produire quelque chose de valable. Plusieurs psychologues préfèrent interpréter ces limites par le fait que le travail ou la production est un moyen d'obtenir l'estime et de répondre au besoin fondamental d'aimer et d'être aimé; mais une telle réduction à d'autres dimensions des processus créateurs et du besoin de produire semble abusive. L'hypothèse sous-jacente à l'option de considérer ce besoin comme fondamental, est la suivante: la satisfaction des autres besoins ne peut éliminer l'émergence de ce besoin spécifique; et, par ailleurs, ce besoin de produire et de créer évolue selon un processus autonome (20).

Le processus d'actualisation qui est sous-jacent au besoin de produire n'est pas lié à tel ou tel produit particulier. Contrairement au besoin d'aimer dont la satisfaction résulte de l'union entre deux personnes, le besoin de produire est ouvert quant à son aboutissement. C'est le processus même de produire ou de créer qui est facteur d'actualisation. Produire c'est pouvoir mettre à contribution son énergie organismique et la canaliser vers une transformation, par l'action de l'environnement: action physique dans le cas d'une transformation matérielle, d'une création dans le cadre des arts plastiques, par exemple; action instrumentale dans le cas d'une production intellectuelle, d'une création scientifique ou littéraire, par exemple. Dans tous les cas, le contentement qui résulte du travail bien fait ou du problème solutionné témoigne, dans le champ perceptuel, d'une satisfaction du besoin fondamental de produire ou de créer. A l'inverse, le sentiment d'échec ou la gamme des sentiments désagréables face au travail mal fait, au problème mal solutionné, témoigne d'une insatisfaction de ce même besoin.

Besoin de comprendre

Le besoin de comprendre est en substance le processus sur lequel Victor Frankl (21) a basé toute sa théorie de la logothérapie. L'expression utilisée par Frankl pour décrire ce processus est le *man's search for meaning,* la recherche d'une signification, d'un sens. La langue française n'a pas de correspondant exact pour le terme *meaning.* A défaut de mieux, le terme comprendre est utilisé ici pour désigner ce troisième besoin fondamental. Le terme comporte un danger, celui de restreindre le processus à sa seule dimension intellectuelle ou rationnelle. La définition qu'il faut retenir parmi toutes celles rapportées dans le dictionnaire (Robert) est la suivante: « donner à quelque chose un sens clair ».

Combs et Snygg (22), dans leur traité de psychologie perceptuelle identifient un seul besoin fondamental: « la recherche d'adéquacité » *(man's search for adequacy).* Dans leur description, ils présentent ce besoin comme l'équivalent de la tendance à l'actualisation. Au niveau de ses manifestations cependant, le processus qu'ils analysent consiste à maintenir une organisation adéquate du champ perceptuel. Sous cet aspect, leur description rejoint ce qu'identifie le terme « besoin de comprendre ».

Le même raisonnement qui a permis d'introduire le besoin de produire dans la liste des besoins fondamentaux s'applique au besoin de comprendre. D'une part, l'absence de signification se présente souvent comme un empêchement majeur à l'actualisation d'une personne, même si cette personne trouve une satisfaction de ses autres besoins. L'incapacité de faire face à l'absurdité apparente de la vie, par exemple, peut empêcher une personne de s'actualiser, même si cette personne produit, aime et se sent aimée. Un autre indice est l'apparition chez l'enfant du désir de comprendre, l'âge du pourquoi, où toute son énergie semble se concentrer sur la recherche d'une signification: curiosité intense face à son environnement et face à lui-même. On peut citer encore l'insatisfaction ressentie par chacun face à un phénomène inexplicable ou incompréhensible. Dans la tradition psychologique, même si on traite peu du besoin de comprendre comme tel, les processus qui en découlent sont abondamment étudiés. Toute la psychologie de l'intelligence s'est employée à expliciter les processus qui permettent à la personne de répondre à un tel besoin (23). Des ouvrages plus spécifiques, comme celui de Rokeach (24) ont décrit en détails le fonctionnement plus ou moins harmonieux du champ perceptuel lorsqu'il est mobilisé par ce besoin de donner une signification aux événements. Enfin, l'explicitation du processus heuristique tel qu'il sera décrit au chapitre huitième permettra de juger davantage de la pertinence d'introduire le besoin de comprendre dans la série des besoins fondamentaux.

L'intégration des besoins fondamentaux

Malgré les efforts de justification qui ont accompagné l'introduction de chaque besoin fondamental dans les pages précédentes, le nombre de trois besoins d'ordre psychologique peut sembler arbitraire. En fait, comme dans le cas des postulats adoptés au point de départ, cette hypothèse de travail, plutôt qu'une autre, est aussi l'objet d'un choix. Ce choix est fait dans un but précis: permettre un inventaire exhaustif de chaque structure motivationnelle. Il est vrai que les théories basées sur un seul besoin disposent d'une grille plus simple et plus facile à manier. L'avantage d'une grille plus complexe est d'offrir plus de possibilités à celui qui veut entreprendre un bilan de ses processus motivationnels. Par ailleurs, il semble y avoir suffisamment de faits, pour reconnaître trois processus autonomes de transformation consciente de l'énergie organismique en comportement, comportement qui entraîne la satisfaction de ces besoins fondamentaux.

La grille utilisée pose un problème particulier, celui de l'intégration et de l'inter-influence des trois besoins fondamentaux dans l'agir concret d'une personne. D'une part, il semble possible d'isoler chacun des processus; c'est ce qui permet de les considérer comme autonomes et d'affirmer qu'aucun des trois n'est réductible aux deux autres. De ce point de vue, les concepts de «déplacement» et de «compensation» utilisés par d'autres théoriciens, ne sont pas retenus ici, parce qu'ils ne correspondent pas à l'expérience de la personne. Je peux accepter théoriquement, que mon activisme, par exemple, soit une compensation pour un besoin affectif non satisfait, voire une fuite de telle ou telle pulsion menaçante, mais telle n'est pas l'expérience que je vis. Sans nier la pertinence de telles hypothèses, la grille proposée ici traite chaque processus motivationnel de façon autonome, indépendamment du fait qu'il puisse aussi s'accompagner de processus inconscients que d'autres théories se chargent d'expliciter. D'autre part, la manifestation des processus autonomes semble difficile à percevoir dans l'agir concret d'une personne. Le plus souvent, le processus motivationnel est vécu de façon complexe par chaque individu et il n'est pas toujours possible de rattacher tel comportement à tel besoin fondamental spécifique. L'explicitation des autres dimensions de la grille, les besoins structurants et les besoins situationnels, viendra raffiner l'instrument d'analyse, mais, auparavant, il peut être utile de préciser le mode d'emploi des trois catégories déjà présentées.

En fait, les trois besoins considérés comme fondamentaux permettent d'évaluer si un individu a les conditions minimales d'actualisation dans chacun de ces trois domaines. Au-delà d'un seuil minimal, chacun peut se servir de cette grille pour identifier la pondération personnelle qu'il a établie au cours de son histoire. Il est évident que les trois processus motivationnels n'ont pas la même valeur, ni la même intensité, dans le champ perceptuel d'un chacun. Les choix antérieurs, les événements passés, les blocages enregistrés, ont souvent eu comme effet d'accentuer, voire même d'hypertrophier dans certains cas, l'un ou l'autre des processus. Telle personne semble canaliser son énergie organismique dans l'expérience d'aimer et d'être aimée devenant une sorte de «spécialiste de l'amour», au moins pour une période de sa vie. Telle autre se définit comme un homme ou une femme «d'action». Telle autre, enfin, est perçue comme un «homme de tête», un «penseur», un «philosophe», un «mystique». L'effort de pondération des processus qui viennent d'être décrits permettra à chacun de préciser sa structure motivationnelle, la façon dont s'opère en lui la transformation de l'énergie organismique en comportement. L'inventaire partiel qui suit des besoins structurants et des besoins situationnels viendra faciliter ce travail.

Notons enfin que, malgré l'autonomie qui leur est attribuée, ces trois besoins fondamentaux ne sont pas totalement indépendants l'un de l'autre. Très souvent, ils sont simultanément présents sous un comportement donné. Le besoin de manger, celui de rencontrer un ami et celui de produire, par exemple, peuvent simultanément être à l'origine du rendez-vous que je me propose de prendre pour le lunch avec telle personne.

LES BESOINS STRUCTURANTS

Les besoins fondamentaux sont considérés comme innés à l'intérieur de chaque personne et universels: c'est un des aspects où «tous les hommes sont semblables». Dans la recherche quotidienne d'une satisfaction à ses besoins fondamentaux, chaque personne se différencie des autres. Le besoin structurant est un aspect de la structure motivationnelle, acquis par un individu sous l'influence de l'environnement socio-culturel. Il apparaît, dans le champ perceptuel, comme une modalité qu'un individu privilégie dans la recherche d'une réponse satisfaisante à un ou plusieurs besoins fondamentaux. Il n'a pas le caractère universel du besoin fondamental et il est difficile, en conséquence, d'en faire l'inventaire. Les lignes qui suivent apportent simplement des exemples, qui permettront de dégager progressivement les caractéristiques du besoin structurant.

Au plan physique

Des exemples de besoins structurants, au plan physique, sont faciles à identifier dans notre contexte socio-culturel. Compte tenu de l'organisation sociale, la personne apprend à répondre à ses besoins physiques selon une organisation spatio-temporelle très précise. Au début de son existence par exemple, l'enfant boit aux quatre heures. Très tôt on lui apprend à suivre un rythme qui se concrétise dans la modalité des trois repas par jour; si bien que la plupart des personnes qui nous entourent ressentent le besoin de manger, quelque temps après leur lever, vers midi et enfin vers la fin de la journée. Une telle organisation varie certainement d'un pays à l'autre et à plus forte raison d'une culture à l'autre, mais, chez l'individu qui a fait cet apprentissage, on peut effectivement prédire l'émergence de son besoin de manger, et prédire le comportement qui en découle. Il en est ainsi du besoin de sommeil et des besoins de détente physique (week-end, congés, vacances), etc.

Les facteurs qui influencent la formation des besoins structurants, ne sont pas toujours aussi bien définis, et ils n'ont pas toujours la même importance. A l'intérieur de telle culture, par exemple, tel individu développe un fort besoin structurant d'exercices physiques, qui exigent une ou deux heures par jour, alors que tel autre se contente de l'exercice qu'il fait normalement au cours de ses allées et venues, sans acquérir de besoin particulier à ce sujet. Cet exemple permet d'expliciter une particularité du besoin structurant. Prenons deux individus qui, à un moment précis, pour des raisons de santé, décident de faire 30 minutes de *jogging* par jour. Chez le premier, supposons un besoin structurant d'exercice physique: le *jogging* est alors un comportement qui permet effectivement la satisfaction de ce besoin. Chez le second, supposons l'absence d'un tel besoin structurant: l'organisme éprouve sans doute un besoin fondamental d'une meilleure oxygénation des poumons, mais aucune structure motivationnelle ne commande des comportements spécifiques susceptibles de combler ce besoin de l'organisme. L'individu, dans ce deuxième cas, a décidé par hypothèse de faire du *jogging* sous l'influence d'une publicité qui vante les bons effets de cette pratique. On peut dès lors prédire que le premier va persister dans son programme de conditionnement et que le second va l'interrompre à brève échéance, à moins bien sûr qu'il n'acquiert à ce moment un besoin structurant duquel résultera par la suite le comportement en question.

Le besoin de fumer et le besoin d'alcool sont aussi des exemples de besoins structurants; exemples qui permettent de souligner que le besoin structurant, même s'il est généralement issu des besoins fondamentaux n'est pas toujours favorable à l'actualisation de la personne. On ne peut assumer, en effet, que l'influence d'une culture ou d'un environnement spécifique contribue a priori à l'actualisation de la personne. Le besoin de fumer, par exemple, peut se développer à l'adolescence comme un moyen, pour l'adolescent, de se valoriser — et donc d'être aimé par ses pairs — dans une sous-culture où fumer est le propre de l'adulte. Par la suite, ce besoin structurant peut persister et commander un comportement dont le but est devenu le plaisir ou la détente, même si la motivation initiale est disparue. Il peut même prendre une importance telle dans le champ perceptuel d'une personne qu'il devient une entrave à son entreprise d'actualisation. Le chapitre neuvième qui traite du changement à l'intérieur du champ perceptuel fournira les éléments permettant de résoudre les conflits qui naissent de besoins contradictoires.

Une remarque a déjà été faite plus haut au sujet du besoin de sécurité dont parle Maslow (25). Dans la perspective actuelle, ce besoin apparaît comme un besoin structurant, acquis dans un contexte culturel où les conditions de survie ne sont pas assurées automatiquement. Il en est ainsi d'ailleurs du besoin de posséder qui ne semble pas inné mais acquis pour obtenir la sécurité dont parle Maslow. On voit ici l'influence d'un environnement sur la formation des besoins structurants. C'est d'ailleurs ce phénomène qui est mis à profit par des publicistes qui cherchent à «créer des besoins» dans le champ perceptuel des consommateurs auxquels ils s'adressent.

Dans le domaine affectif

Dans le domaine affectif, la même distinction peut être faite entre le besoin fondamental d'aimer et d'être aimé qui est inné, et des modalités qui, sous l'influence socio-culturelle, permettent à certains individus de répondre à ce besoin fondamental. Dans chaque société, en effet, des institutions influencent les individus dans l'acquisition de besoins structurants au plan affectif. L'institution du mariage est un exemple assez répandu dans la civilisation actuelle. Chaque individu qui éprouve le besoin d'aimer et d'être aimé apprend, sous l'influence de son milieu, que la relation permanente avec une personne de l'autre sexe est un moyen de satisfaire le besoin fondamental qu'il a d'aimer et d'être aimé. A l'âge où commencent les fréquentations, bon nombre d'adolescents et d'adolescentes développent ainsi le besoin structurant d'une relation hétérosexuelle stable qui se concrétise chez eux dans la recherche d'un partenaire en vue du mariage. Aussi répandu soit-il, le besoin structurant d'une relation hétérosexuelle stable n'est pas universel. Le comportement de la fréquentation ne sera pas toujours commandé, d'ailleurs, par un besoin structurant de se marier. On voit, en effet, apparaître chez d'autres individus un besoin structurant de varier leurs relations affectives; dès lors on peut prédire chez eux que la fréquentation d'une même personne ne durera pas au-delà de quelques mois, ou qu'elle sera interrompue dès qu'un projet de mariage risque d'émerger. D'autres personnes développeront plutôt une structure motivationnelle de type homosexuel: leur recherche d'un lien stable, ou à l'inverse, d'une variété d'échanges affectifs, sera guidée par des besoins structurants différents de ceux mentionnés plus haut.

Un autre exemple de structure motivationnelle dans le domaine affectif est le besoin d'amitié. Le besoin d'avoir de nombreux amis, ou celui d'avoir un ou quelques amis intimes, est aussi une modalité qui se développe chez certaines personnes dans leur recherche d'une réponse au besoin fondamental d'aimer et d'être aimé. Cet exemple de l'amitié permet de souligner un autre aspect du besoin structurant: son caractère partiel. Aucun des besoins structurants ne peut à lui seul mobiliser toute l'énergie organismique. Cela est vrai lorsqu'on pense à la variété des besoins fondamentaux; mais cela est vrai également à l'intérieur d'un domaine particulier. Le besoin structurant d'un lien hétérosexuel stable peut coexister, par exemple, avec un besoin structurant d'amitié. A cet égard, il semble que le besoin de fidélité conjugale soit lui aussi un besoin structurant qui n'est qu'une modalité parmi d'autres pour satisfaire le besoin d'aimer et d'être aimé (ainsi que d'autres besoins sans doute). C'est en vertu d'un choix, que certains individus, pour toutes sortes de raisons, s'accordent mutuellement une certaine exclusivité affective, au plan des échanges sexuels, par exemple.

Mentionnons enfin le besoin d'un amour maternel ou paternel comme autre exemple de besoin structurant. Tout en reposant sur des besoins fondamentaux, celui d'aimer et d'être aimé et celui de créer, il peut difficilement être interprété comme des manifestations d'un *instinct* maternel ou paternel. Ce besoin est acquis dans un contexte socio-culturel précis. Notons ici, cependant, que le simple phénomène de la reproduction, qui lui repose sur des mécanismes innés, ne peut être assimilé seulement au besoin structurant dont il est question ici.

Dans le domaine de la créativité

Tous les hommes ont le besoin de produire et de créer; certains ont acquis des besoins structurants de création artistique, de création littéraire, de production manuelle, de production intellectuelle, de production scientifique, de production professionnelle, etc. Ce sont là des modalités par lesquelles une personne satisfait son besoin fondamental de produire ou de créer.

L'observation quotidienne d'un milieu de travail nous permet de distinguer tel individu qui travaille sous l'impulsion continuelle d'un besoin structurant de tel autre qui travaille pour gagner les sous dont il a besoin pour vivre mais sans avoir développé un besoin structurant à l'égard de son travail. Le premier travaille par goût et retire une satisfaction évidente de ce qu'il produit; l'autre s'ennuie au travail, vit dans l'attente du week-end ou des vacances qui lui permettront peut-être de donner libre cours à sa créativité, dans l'exercice d'un hobby ou dans des activités de loisir. On fait spontanément une telle distinction en parlant d'un professionnel «qui a son métier dans le sang» et de tel autre «qui ne semble pas à sa place».

A mesure que la liste des besoins structurants s'allonge, on voit également augmenter la possibilité des conflits dans l'ensemble de la structure motivationnelle d'une personne. C'est le conflit de l'homme marié, animé d'un besoin structurant d'amour conjugal et familial, d'une part, et d'un besoin structurant de rendement professionnel, d'autre part. Cela entraîne souvent des choix douloureux pour assurer la satisfaction simultanée de tels besoins, ou pour sacrifier la satisfaction de l'un ou l'autre. (Conflit qu'il ne faut pas identifier à celui du professionnel qui se réfugie dans le travail pour fuir une vie conjugale malheureuse.)

Dans le domaine de la signification

Le processus qui entraîne l'émergence de besoins structurants dans la recherche d'une signification est semblable aux processus déjà décrits dans les autres domaines. L'environnement socio-culturel fournit à chaque personne une nourriture abondante pour répondre à son besoin de comprendre. Les encyclopédies de toutes sortes, les livres, les revues, la littérature, la science, la religion, la philosophie, voilà autant de véhicules de la culture dont dispose l'individu qui cherche à répondre à son besoin de comprendre.

Devant cette multitude de stimuli, chacun développe une structure motivationnelle qui lui est propre. Certains acquièrent un besoin de lecture qui commande un comportement très précis. Tels individus vont se réserver à chaque semaine quelques heures de lecture pour satisfaire au besoin structurant de type culturel. Pour l'un, c'est un besoin de culture générale, pour l'autre, un besoin de culture scientifique, pour l'autre encore, un besoin de culture religieuse, etc. Tel autre individu développera plutôt un besoin structurant face au cinéma ou au théâtre, se réservant le temps voulu pour aller au cinéma ou à des représentations théâtrales à chaque semaine. De façon plus précise encore, la structure motivationnelle établie va guider le choix de tel ou tel genre de cinéma. Deux fervents de cinéma peuvent être équipés de structures motivationnelles différentes: pour l'un, c'est un besoin de détente qui se rattache à une motivation d'ordre physique; pour l'autre, c'est un besoin culturel qui répond à une recherche de signification.

Ce dernier exemple illustre une nouvelle particularité du besoin structurant: sa polyvalence. Bien que parfois un besoin structurant puisse se rattacher directement et exclusivement à un besoin fondamental particulier, plusieurs besoins structurants sont polyvalents et servent à la satisfaction de plusieurs besoins fondamentaux. C'est le cas d'une relation amoureuse qui peut permettre la satisfaction d'un besoin sexuel et d'un besoin affectif; c'est le cas d'une production scientifique ou artistique qui peut satisfaire le besoin de créer et celui de comprendre; c'est le cas également d'un besoin structurant de «cinéma» qui permettra tantôt une détente physique, tantôt une satisfaction du besoin de comprendre.

L'interprétation du besoin religieux au moyen de la grille actuelle appelle quelques commentaires. Le phénomène religieux a fait l'objet de certaines études en psychologie: les uns voient le besoin religieux comme une fuite de la réalité (26) et donc comme un phénomène qui ne favorise pas la croissance personnelle; d'autres le voient comme la manifestation d'un besoin fondamental et inné dont l'absence serait un symptôme psycho-pathologique (27). Dans la théorie de la motivation présentée ici, ces deux extrêmes sont rejetés: d'une part, l'expérience religieuse apparaît comme un processus de transformation de l'énergie organismique qui s'inscrit normalement dans un processus plus global d'actualisation. Il reste vrai, cependant, qu'à l'instar de tous les autres processus psychologiques celui-ci peut subir des déformations et être utilisé à des fins défensives. D'autre part, les données manquent pour inscrire le besoin religieux dans la catégorie des besoins fondamentaux. C'est pourquoi le besoin religieux est présenté ici comme un besoin structurant acquis dans tel contexte culturel par des individus en quête de signification. Comme tous les besoins structurants, il devient une modalité par laquelle un individu satisfait un besoin fondamental; ici le besoin fondamental de comprendre. On observe, d'ailleurs, dans le phénomène actuel de désaffection religieuse deux types de réactions: ceux qui posent des gestes religieux par conviction personnelle et y voient l'expression d'un besoin structurant; et ceux qui posent des gestes par convention sociale sans les avoir intégrés dans leur structure motivationnelle. Ce n'est évidemment pas le rôle du psychologue de déterminer si l'on doit encourager dans une culture donnée, voire même exiger l'émergence d'un tel besoin structurant et en faire l'objet d'une éducation dirigée. C'est son rôle, par ailleurs, de critiquer le caractère fondamental, donc quasi absolu de ce besoin religieux, et de le relativiser si les données le permettent. C'est cette dernière position qui est adoptée ici, au sujet du besoin religieux.

En résumé

Les quelques exemples de besoins structurants mentionnés plus haut ont permis d'expliciter les caractéristiques suivantes de la structure motivationnelle d'un individu: en résumé, on peut dire que le besoin structurant:
— est acquis et non inné;
— se développe progressivement et lentement dans l'inter-

action entre l'individu et son environnement;

— n'est pas directement observable, (i.e. se situe dans le champ perceptuel);

— peut être satisfait de plusieurs façons;

— peut être plus ou moins important dans la vie d'une personne;

— est polyvalent et peut servir à la satisfaction de plusieurs besoins fondamentaux;

— ne peut absorber de façon exclusive l'énergie organismique;

— n'est pas nécessairement favorable à l'actualisation de la personne et peut être source de conflits intra-psychiques ou interpersonnels.

Le terme structurant qui sert à désigner cette catégorie de besoins réfère à la structure qui s'est développée dans le champ perceptuel d'une personne; structure qui, d'une part, canalise l'énergie organismique et, d'autre part, commande l'émergence de besoins situationnels, ainsi que le comportement qui en découle.

LES BESOINS SITUATIONNELS

La troisième catégorie de besoins, identifiés comme des besoins situationnels, permet de raffiner davantage la grille d'analyse et de suivre dans la vie quotidienne le processus de transformation de l'énergie organismique en comportement spécifique. Le besoin situationnel est le plus directement identifiable dans le champ perceptuel. Si je pose la question suivante à un individu que je rencontre sur la rue: «pourquoi fais-tu présentement ce que tu fais?» ou «qu'est-ce qui te pousse à agir de telle ou telle façon», il est probable que je trouverai dans sa réponse des éléments qui me renseigneront sur sa structure motivationnelle. Il est peu probable, cependant, que l'individu utilisera les concepts qui ont servi à identifier les besoins fondamentaux ou structurants pour décrire son champ perceptuel. L'expérience immédiate telle que vécue est ordinairement plus complexe que cela. L'individu que j'arrête sur la rue vers midi me répondra peut-être «parce que j'ai faim» et non «parce que j'ai un besoin structurant de manger trois fois par jour». Le besoin situationnel est l'expérience motivationnelle telle que vécue «ici et maintenant» par telle personne. Dans la présentation logique il apparaît à la fin, mais c'est en fait le point de départ: c'est grâce à l'inventaire des besoins situationnels d'une personne que l'on peut reconstituer sa structure motivationnelle. Au plan scientifique, la cueillette des données qui permettent au psychologue perceptuel d'élaborer une théorie de la motivation se fait également au niveau des besoins situationnels.

Dans le tableau de la figure 2, quelques exemples, au hasard, servent à identifier le processus qui, en vertu de la tendance à l'actualisation (représentée à gauche par la flèche), transforme l'énergie organismique en besoins situationnels, puis en comportement observable: j'ai faim, j'ai sommeil, j'ai la bougeotte, je téléphone à Sylvie, je vais voir Jérôme, j'organise une sortie de fin de semaine pour ma famille, je me mets à la rédaction de tel document, je travaille à ma nouvelle sculpture, je m'adonne à mon hobby, j'ouvre un livre, j'entreprends une nouvelle expérience scientifique, je prie, etc. Il est évident qu'à ce niveau, encore plus qu'au niveau des besoins structurants, toute liste exhaustive devient impossible; non seulement en raison de la variété des besoins situationnels mais à cause même de leur nature mobile et non permanente. Le besoin éprouvé par un individu à un moment donné est un phénomène qui n'apparaît qu'une fois dans son histoire. Une personne peut dire des milliers de fois «j'ai faim», mais au niveau du besoin situationnel elle ne peut dire qu'une seule fois: «j'ai faim aujourd'hui à midi, le 4 mars 1974». Ce n'est qu'en introduisant les dimensions spatio-temporelles que je pourrai induire la structure motivationnelle plus permanente qui caractérise telle personne en particulier. Enfin, on peut mentionner que bon nombre de besoins situationnels sont formulés en des termes qui prêtent à toutes sortes d'interprétations. Par exemple: «j'ai le goût de couper cette fleur sauvage». Il se peut que ce goût soit le signe d'un besoin structurant: besoin de collectionner, besoin esthétique, besoin de créer une atmosphère agréable dans ma maison. Il me faudra tenir compte de plusieurs goûts semblables avant de pouvoir induire *tel* besoin structurant. Il se peut aussi qu'un tel besoin émerge spontanément dans mon champ perceptuel sans lien direct avec un besoin structurant particulier: son caractère unique échappe alors à toute analyse de structure motivationnelle. Nous verrons plus loin que la personne qui est dans un processus de croissance voit émerger dans son champ perceptuel une multiplicité de besoins situationnels. Ils peuvent appartenir à une structure motivationnelle ou être simplement une manifestation, de la tendance à s'actualiser, l'expression, par exemple, de la joie de vivre, qui jaillit dans un organisme en santé. C'est donc dire que la grille proposée ici, comme toute grille d'analyse de la motivation, ne sera jamais exhaustive par rapport aux besoins situationnels: on ne pourra jamais réduire le phénomène de la motivation humaine à quelque catégorie que ce soit; on peut tout au plus utiliser une telle grille pour repérer les principaux phénomènes motivationnels.

Chapitre IV

LA CROISSANCE

La personne se développe et s'actualise lorsque son énergie organismique est transformée en comportement, selon des processus conscients et inconscients que dirige la tendance à l'actualisation. La description de cette tendance à l'actualisation a permis déjà de souligner que la croissance personnelle ne se fait pas à la façon d'un automatisme. Le phénomène de croissance dépend effectivement de la qualité de l'environnement. Le chapitre quatrième permettra d'expliciter les conditions qui dans l'environnement peuvent favoriser la croissance personnelle. Avant d'aborder cette description, le processus de croissance sera explicité en comparaison avec son contraire le processus défensif.

C'est au behaviorisme surtout que l'on doit la plus grande partie des études psychologiques qui traitent des rapports entre l'individu et son environnement. Ces études portent sur le processus de conditionnement selon le schème stimulus-réponse (1). La méthode utilisée suppose que la croissance de l'individu se fait surtout grâce à la structuration des processus inconscients (voir modèle de la figure 1 au chapitre premier). La psychologie perceptuelle pour sa part cherche à l'intérieur du champ perceptuel de la personne les indices du processus de croissance, ou à l'inverse les indices du processus défensif.

LE PROCESSUS DE CROISSANCE

L'expression processus de croissance est synonyme ici de processus d'actualisation: elle désigne un type de transformation de l'énergie organismique en comportement qui contribue au maintien et au développement de la personne. Ce processus est inconscient pour une bonne part; bien malin serait celui qui pourrait identifier tout ce qui contribue à la santé physique et psychologique d'une personne. Pour inconscient qu'il soit, en partie, ce processus n'en demeure pas moins identifiable au niveau du champ perceptuel. L'expérience d'être en santé, par exemple, témoigne d'une prise de conscience de processus biologiques et physiologiques que l'on ne peut percevoir directement. Par ailleurs, le champ perceptuel n'est pas seulement un lieu où apparaissent des témoins expérientiels des processus inconscients; il est considéré lui-même comme un ensemble de processus de transformation de l'énergie. L'effet du psychisme sur la santé ou la maladie n'est plus un mystère pour personne. La médecine psycho-somatique fait désormais partie des réalités de la vie contemporaine.

Le processus de croissance dans son ensemble est donc à la fois conscient et inconscient: c'est tout ce qui à l'intérieur de la personne contribue à sa santé physique et psychologique. Une fois établi ce postulat d'un lien entre les éléments conscients et inconscients du processus d'actualisation, c'est maintenant à l'intérieur du champ perceptuel que l'on en cherchera les principales caractéristiques. La question qui guide la recherche est la suivante: quels sont les phénomènes ou les expériences qui permettent de conclure que telle personne est dans un processus de croissance? On peut également procéder de façon plus empirique et identifier, comme Maslow l'a fait (2), des individus qui, dans leurs milieux respectifs, sont considérés comme des personnes actualisées; puis, chercher ensuite ce qui les caractérise. Les données recueillies par ces méthodes semblent pouvoir se réduire à trois éléments essentiels: l'ouverture à l'expérience, la prise en charge et l'action sur l'environnement.

L'ouverture à l'expérience

L'expression «ouverture à l'expérience» est utilisée par Rogers pour désigner «un état psychique qui permet à tout excitant de parcourir l'organisme tout entier sans être déformé... autrement dit qu'il s'agisse d'excitants externes (configurations de lignes, de masses, de couleurs ou de sons affectant les nerfs afférents) ou d'excitants internes (traces de mémoire, sensations de peur, de plaisir, de dégoût, etc.) l'organisme est complètement disponible à l'effet produit» (3). La description de Rogers rejoint des expressions populaires par lesquelles on identifie cette caractéristique chez des personnes qui «vivent pleinement» ou qui sont «en contact avec elles-mêmes».

L'ouverture à l'expérience suppose chez la personne engagée dans un processus de croissance une attitude de «considération positive inconditionnelle» à l'égard de sa propre expérience. Cette expression a aussi été popularisée par Carl Rogers. Selon cet auteur «il y a considération positive inconditionnelle de soi quand le sujet se perçoit d'une manière telle que toutes les expériences relatives à lui-même sont perçues, sans exception, comme également dignes de considération positive» (4). Notons que cette attitude diffère totalement des jugements de valeur qui interviennent par la suite, lorsque la personne cherche à intégrer les données ainsi accueillies au niveau de son action concrète. L'attitude décrite ici est un prérequis à tout jugement de valeur: c'est une attitude d'accueil a priori de ce qui apparaît dans le champ perceptuel; c'est une valorisation spontanée de cette expérience. L'enfant qui exprime librement ce qu'il vit illustre bien ce processus. Il n'a pas encore atteint la phase délicate où il devra critiquer son expérience en termes de bien et de mal, et pour lui l'ouverture à l'expérience se fait spontanément. Les pires «atrocités morales» sont même considérées chez l'enfant comme des «finesses», et elles entraînent des sourires sympathiques de la part d'un milieu en santé.

Pour la personne engagée dans un processus de croissance, cet accueil de la matière première qui surgit dans le champ perceptuel se fait sans que celle-ci ne devienne objet de peur, de honte, de dégoût ou de culpabilité. Selon une expression employée par Durand-Dassier (5), les «ressentis» — traduction intéressante pour le terme anglais *feeling* — constituent le tissu même de la personne. Nous verrons plus loin comment l'élaboration d'un schème de valeur et l'intervention des normes extérieures peuvent se faire sans détruire cette ouverture à l'expérience et sans porter atteinte à l'attitude de considération positive inconditionnelle à l'égard de soi-même.

Une autre manifestation de cette ouverture à l'expérience est l'émergence des besoins fondamentaux tels que décrits au chapitre troisième. Une personne qui s'actualise est une personne qui ressent, d'une façon ou d'une autre, des besoins physiques, le besoin d'aimer et d'être aimé, le besoin de produire et le besoin de comprendre. On peut voir aussi la multiplicité des besoins structurants et des besoins situationnels — pourvu qu'ils soient des besoins authentiques c'est-à-dire commandés par la tendance à l'actualisation et non le résultat d'une publicité conditionnante — comme autant d'indices du processus de croissance.

Enfin, la façon dont l'expérience spontanée est symbolisée fournit d'autres indices du processus de croissance; il en résulte, par exemple, ce que Combs et Snygg appellent «l'adéquacité» (6). Mais cet aspect du processus de croissance sera davantage traité au chapitre huitième sous l'angle du «processus heuristique».

La prise en charge

La deuxième caractéristique du processus de croissance est la capacité, chez la personne qui s'actualise, de disposer librement des éléments qui abondent dans son champ perceptuel. En fait, l'ouverture à l'expérience se fait normalement à travers des structures multiples qui, à l'intérieur du champ perceptuel, canalisent l'énergie organismique, l'orientent et la contrôlent. Ces structures permettent à la personne d'être le centre de décision de son propre comportement.

Le processus de contrôle est parfois considéré en psychologie comme un obstacle au développement personnel. En fait, on réfère alors à un abus de contrôle, ou à un contrôle exercé de façon artificielle par l'intériorisation de normes extérieures qui ne sont pas assumées par la personne. Les psychanalystes, par exemple, ont grandement contribué à établir cette distinction entre, d'une part, des mécanismes de défense, tel le refoulement qui exerce un contrôle rigide et stéréotypé et, d'autre part, le contrôle qu'exerce un moi fort, capable de disposer librement de l'énergie organismique (7). Dans le contexte de la psychologie perceptuelle, on parle de mécanisme d'auto-régulation ou de contrôle organismique pour désigner ce dernier processus. Le contrôle n'est qu'un aspect particulier de la deuxième caractéristique du processus de croissance; la prise en charge englobe des éléments de contrôle, mais aussi toute activité consciente par laquelle une personne analyse, critique, évalue son expérience et fait des choix particuliers. Ici plus que jamais, il importe d'écarter les dichotomies qui opposent souvent raison et impulsions. Selon le modèle de la personne utilisé ici, il n'y a pas telle chose qu'une «raison» ou une «volonté» qui fait des choix à partir de données instinctuelles. C'est tout l'individu qui ressent les choses, c'est tout l'individu qui se prend en charge et fait des choix. Ces choix sont certes influencés par de nombreux facteurs — en particulier par les besoins, par les processus inconscients, par l'effet conditionnant de l'environnement — mais selon l'hypothèse de la psychologie perceptuelle l'intégration de tous ces éléments se fait dans le champ perceptuel. La personne qui s'actualise vit l'expérience de se prendre en charge et porte, en conséquence, la responsabilité des choix qu'elle fait. Son agir porte la signature du JE; ce qui n'exclut pas, à l'occasion, un sentiment d'être plus ou moins libre dans cette prise en charge. Le processus de croissance tel que décrit théoriquement paraît simple et univoque; en pratique, la transformation de l'énergie organismique en comportement est un mélange de processus de croissance et de processus défensif. Le terme « liberté » est souvent utilisé pour identifier le dosage des deux processus. On dit d'une personne qu'elle est libre lorsqu'elle identifie en elle-même les signes du processus de croissance, et en particulier les signes de la prise en charge. On parle, au contraire, d'un manque de liberté chez la personne qui ne parvient pas à une telle prise en charge, celle qui vit, par exemple, sous la dépendance totale des influences extérieures.

L'action sur l'environnement

La troisième caractéristique du processus de croissance est l'action sur l'environnement. La personne qui reste ouverte à son expérience et qui se prend en charge, est en mesure de faire des choix, comme on l'a vu. Les choix pourraient demeurer des velléités ou des désirs inassouvis si cette personne ne passait pas à l'action pour réaliser ses choix.

L'enfant, lorsqu'il éprouve un besoin, l'exprime fortement dans l'espoir de modifier son environnement et d'obtenir ainsi une satisfaction de ce besoin. Il agit ainsi sur l'environnement par l'expression de son besoin: c'est déjà un premier degré d'action, approprié à sa situation. Chez l'adulte, l'expression des besoins devient un indice du processus de croissance dans la mesure où elle atteint des personnes qui disposent effectivement des ressources nécessaires à la satisfaction des besoins exprimés. Chez cet adulte les moyens d'action sur l'environnement sont beaucoup plus nombreux; plus la personne s'actualise plus elle apprend à puiser dans son environnement les éléments nécessaires à sa croissance. Un tel apprentissage peut prendre la forme d'habilité manuelle, d'habilité intellectuelle; il peut se faire dans le domaine de la communication, dans un métier, dans l'exercice d'une profession, etc. Le terme compétence sera retenu pour désigner la capacité qu'a une personne d'agir adéquatement sur son environnement pour y puiser les éléments nécessaires à son actualisation: compétence personnelle, interpersonnelle, professionnelle, etc.

La compétence selon la définition du dictionnaire (Robert) «est une connaissance approfondie, reconnue, qui confère le droit de juger ou de décider en certaines matières». La personne qui vit un processus de croissance se considère comme compétente au plan personnel, c'est-à-dire ayant la capacité de juger et de décider ce qui est bon pour elle-même; elle est alors guidée par cette compétence dans son action sur l'environnement. Elle ne reconnaît à personne une compétence supérieure à la sienne en ce qui concerne son développement personnel. Cette compétence s'exerce en même temps que l'ouverture à l'expérience, de sorte que la personne qui s'actualise peut aussi demeurer consciente des limites de sa compétence et intégrer les ressources des autres. Elle peut identifier ses besoins et ainsi recourir à des experts qui l'aideront à mieux agir sur l'environnement; mais, jamais l'avis d'un expert ne la dispensera d'un choix personnel et d'un sentiment de responsabilité face à son action.

La manifestation la plus forte de cette troisième caractéristique du processus de croissance est un sentiment de responsabilité personnelle. La personne qui s'actualise se considère comme la première responsable de son actualisation et de la satisfaction de ses besoins fondamentaux. Tout en reconnaissant les limites physiques, psychologiques, sociales et culturelles de son action sur l'environnement, cette personne n'est ni dépendante, ni contre-dépendante, face à l'environnement: elle est autonome; elle négocie avec son environnement les éléments nécessaires à son propre développement.

En résumé

Les façons de décrire le processus de croissance sont nombreuses et des auteurs insistent tantôt sur un aspect, tantôt sur l'autre. Les uns essaient d'élaborer une synthèse psychologique autour du concept de l'actualisation, alors que d'autres traitent de cette réalité de façon marginale (8). Dans la description qui précède trois caractéristiques sont retenues et peuvent se résumer autour de trois termes: expérience, liberté, compétence. La personne qui s'actualise ou qui est engagée dans un processus de croissance est une personne qui a accès à son expérience personnelle et la valorise; qui se prend en charge et dispose librement de cette expérience dans les choix qu'elle fait; qui, enfin, agit de façon compétente sur son environnement pour y puiser les éléments nécessaires à son actualisation.

LE PROCESSUS DÉFENSIF

Les psychologues qui ont le plus traité du processus défensif l'ont fait dans une perspective de psycho-pathologie, leur objectif étant d'expliquer et de traiter les troubles de personnalité. Tel n'est pas le but des descriptions qui suivent. Le processus défensif est décrit ici uniquement pour aider à mieux identifier le processus de croissance. Pour avoir une idée plus complète des processus défensifs et de la psycho-pathologie qui en découle, on peut consulter les études psychanalytiques (9) qui en font un objet d'étude privilégié, ou des ouvrages de psycho-pathologie qui intègrent plusieurs approches (10).

De façon générale, on peut désigner le processus défensif comme une absence de transformation de l'énergie organismique en comportement utile à l'actualisation ou comme une transformation de cette énergie en comportement qui nuit à l'actualisation de la personne. Le processus défensif, tel qu'il peut s'identifier dans le champ perceptuel d'une personne, présente un certain nombre de caractéristiques; celles-ci seront regroupées sous trois titres qui sont la contrepartie négative des titres utilisés pour décrire le processus de croissance. Ce sont: l'inhibition, l'envahissement du champ perceptuel, l'inertie.

L'inhibition

A l'inverse de l'ouverture à l'expérience, décrite comme première caractéristique du processus de croissance, l'inhibition est le premier signe d'un processus défensif. Chez celui qui s'actualise, des stimuli externes et internes activent l'énergie organismique qui se transforme en expériences abondantes et variées. Chez celui qui vit ses rapports avec l'environnement selon un mode défensif l'énergie organismique semble étouffée. Il en résulte une diminution des processus conscients; et, lorsque des expériences de toutes sortes se présentent dans le champ perceptuel, la personne concernée ne parvient pas à les symboliser correctement. L'aspect symbolisation sera traité au chapitre huitième; retenons pour l'instant le premier aspect, celui que l'on identifie dans le langage populaire comme «un manque de vie intérieure» ou tout simplement comme «un manque de vitalité».

L'inhibition au sens du dictionnaire (Robert) «est une action qui consiste à mettre en opposition, ... à freiner ou à arrêter». Dans le contexte actuel, c'est l'énergie organismique qui est objet de cette action de freinage. Quels que soient les mécanismes par lesquels s'exerce ce freinage, la personne qui vit un tel processus se sent paralysée, diminuée, incapable d'avoir accès à ce qui se passe en elle; elle a le sentiment de ne pas être elle-même, et d'être soumise à des forces obscures sur lesquelles elle n'a aucune prise.

L'envahissement du champ perceptuel

L'énergie organismique par ailleurs ne disparaît pas du fait qu'il y ait inhibition. Elle continue à agir dans l'organisme même si ses débouchés naturels ne sont pas possibles. C'est pourquoi l'inhibition entraîne d'autres processus de transformation énergétique qui se traduisent par des sentiments désagréables variés: l'anxiété, malaises de toutes sortes, sentiment d'être mal dans sa peau, peur, culpabilité, honte ou dégoût face à soi-même.

Conséquemment, ces ressentis de type défensif dans le champ perceptuel placent la personne qui vit un tel processus dans l'incapacité de les contrôler. L'expression la plus courante qui en témoigne est la suivante: «je n'y puis rien», «je ne peux rien faire», «je suis impuissant face à cette anxiété», etc. On peut parler ici d'un «envahissement» au sens littéral du terme: l'énergie organismique «occupe de façon abusive» le champ perceptuel sans que la personne puisse elle-même canaliser et diriger cette énergie, ni la transformer en comportements qui facilitent sa croissance. Dans certains cas plus sérieux, c'est franchement la panique ou l'éclatement pulsionnel dont les différentes manifestations — hallucinations, délires, agitations — font l'objet de la psycho-pathologie. La plupart du temps, dans le registre de ce qu'on peut appeler la psycho-pathologie de la vie quotidienne, c'est la fatigue de vivre, l'incapacité d'aimer et d'être aimé, la méfiance à l'égard d'autrui, le sentiment d'être non créateur, moche, ennuyant pour soi et pour les autres, l'incapacité de donner un sens à sa vie et à l'existence en général.

L'inertie

Les sentiments caractéristiques du processus défensif, tels qu'ils viennent d'être décrits, conduisent normalement à la troisième caractéristique: l'inertie. Le manque de contrôle et de prise en charge de l'énergie organismique rend la personne inapte à agir sur son environnement pour y puiser les éléments nécessaires à l'actualisation. De là un comportement d'inertie, de dépendance, voire même de soumission totale à l'environnement. Inertie face aux autres, dépendance à l'égard de l'opinion d'autrui, impuissance qui rend la négociation impossible. Ces phénomènes sont souvent vécus comme une soumission à la fatalité. Les structures sociales deviennent particulièrement contraignantes pour l'individu qui est dans un processus défensif car il n'a pas accès aux données expérientielles qui lui permettraient de développer une attitude critique face à son environnement.

La dépendance face à l'environnement n'est qu'une manifestation de cette inertie. L'attitude opposée, identifiée comme de la contre-dépendance, en est aussi une manifestation. N'ayant pas les moyens de négocier avec l'environnement, la personne cherche à minimiser l'activité envahissante de cet environnement en adoptant l'attitude extrême: le rejet en bloc. L'incapacité d'agir de façon efficace sur l'environnement se traduit souvent par un comportement verbal de type révolutionnaire, mais dont la portée est nulle et sans effet pour la satisfaction des besoins fondamentaux. C'est un processus fréquent chez l'adolescent qui commence à se prendre en charge mais qui se sent fragile par rapport à la nouvelle image de lui-même qu'il développe. Il parle volontiers de transformer l'univers entier, faute de pouvoir encore agir efficacement sur son environnement. Ce dernier exemple permet de souligner que des éléments du processus défensif peuvent apparaître comme une étape du processus de croissance. Chez l'adolescent, on peut, en effet, considérer l'idéalisme comme une étape de croissance, dans la mesure où il lui permet d'affirmer son identité et de se préparer à une négociation éventuelle qui se fera sous le signe de l'autonomie.

En résumé

A l'inverse du processus de croissance, le processus défensif est donc celui qui empêche l'énergie organismique de se transformer en comportement utile au maintien et au développement de la personne. Il se caractérise par l'inhibition, par toutes sortes d'expériences désagréables qui envahissent le champ perceptuel, et par une inertie plus ou moins grande face à l'environnement. Lorsque ce processus est identifié par celui qui le vit, il est déjà en partie sous contrôle et se présente alors comme une limite du processus de croissance. Lorsque par ailleurs il s'opère au niveau des processus inconscients, des symptômes de toutes sortes apparaissent et on peut difficilement les expliquer d'un point de vue perceptuel. C'est la psycho-pathologie qui prend ici la relève.

LES CONDITIONS DE CROISSANCE

Les descriptions précédentes concernant le processus de croissance et le processus défensif ramènent la question déjà formulée au début du présent chapitre: quels sont les facteurs de l'environnement qui peuvent faciliter le processus de croissance? De façon générale, la théorie de la motivation décrite au chapitre troisième nous fournit un premier type de réponse. En effet, s'il est vrai que la personne en voie d'actualisation éprouve, en plus des besoins physiques, un besoin d'aimer et d'être aimé, un besoin de produire et un besoin de comprendre, il est certain que plus l'environnement fournira les éléments nécessaires à la satisfaction de ces besoins plus il sera propice à l'actualisation. De façon plus spécifique, les sciences de la santé nous renseignent sur les qualités de l'environnement physique propices à l'actualisation de la personne au plan physique. Les psychologues et les psycho-sociologues, pour leur part, cherchent à déterminer les facteurs de l'environnement humain qui sont de nature à favoriser la croissance psychologique de la personne. Les chapitres 5 à 8 expliciteront comment les relations interpersonnelles chaleureuses, co-opératives et heuristiques sont autant de moyens de favoriser le processus de croissance. Avant d'aborder la description spécifique de chacune de ces relations, trois facteurs seront présentés comme des conditions psychologiques de base pour susciter et maintenir un processus de croissance chez une personne. Ces conditions ont été envisagées par Carl Rogers comme un ensemble d'attitudes qui ont pour effet d'activer chez autrui un processus d'actualisation: ce sont l'authenticité, la considération positive inconditionnelle et l'empathie. Les titres retenus sont de Rogers et les considérations qui suivent se veulent une explicitation de ses idées; mais la formulation actuelle intègre aussi d'autres éléments, et entraîne des nuances importantes, voire même certaines divergences par rapport aux textes de Rogers.

L'authenticité

Plus l'environnement social dans lequel vit une personne sera composé de personnes authentiques, plus le processus de croissance de cette personne sera facilité. La notion d'authenticité (11) est utilisée pour désigner un accord entre l'expérience et la symbolisation qui en est faite. Une anecdote servira à illustrer ce qu'est l'authenticité.

M. Dupont rencontre un collègue de travail à l'heure du lunch. On parle nutrition. M. Dupont rapporte alors le fait suivant: «depuis quelque temps ma femme essaie de me prouver que les aliments en conserves sont plus nutritifs que les aliments naturels». A cette remarque plutôt inattendue le collègue répond: «Ma femme, non plus, n'aime pas faire la cuisine.»

Pour donner cette réponse, le collègue fait une interprétation hypothétique. Selon cette hypothèse, madame Dupont vivrait un sentiment d'incompétence en tant que cuisinière, tout en éprouvant un malaise face au modèle, sans doute valorisé, de la «femme cordon-bleu». Ayant lu tel article sur le sujet, elle l'aura interprété de façon à se libérer du malaise qui l'envahit chaque fois qu'elle ouvre une boîte de conserves pour le repas. Donc, selon l'interprétation du collègue, l'expérience dominante de madame Dupont pourrait être énoncée comme suit: «je ne suis pas habile cuisinière et il est plus facile pour moi d'ouvrir des boîtes de conserves, même si cela me donne mauvaise conscience». Si l'hypothèse du collègue est juste, cette dernière formulation aurait été une symbolisation authentique de l'expérience vécue par madame Dupont. A l'inverse, nous parlons d'inauthenticité, ou de désaccord entre l'expérience vécue et la symbolisation si madame Dupont n'identifie pas comme telle son expérience, mais la déforme en affirmant: «les aliments en conserves sont plus nutritifs que les aliments naturels, et c'est *parce que* je suis une bonne épouse que j'utilise tellement de produits en conserves» (12).

La notion d'authenticité est relativement facile à comprendre intellectuellement lorsqu'elle s'applique à des cas extrêmes. Elle devient très difficile à manier lorsqu'on se l'applique à soi-même. Par définition, l'absence d'authenticité est un processus inconscient; de sorte que personne ne peut affirmer, sans faire un abus de termes, qu'il est présentement inauthentique. S'il pouvait le dire il serait conscient de l'expérience sous-jacente à sa formation et serait en mesure de la symboliser de façon adéquate. On utilise parfois le terme inauthenticité pour désigner un désaccord entre le comportement verbal d'une personne et ce qu'elle ressent. Pour éviter la confusion, il semble préférable de s'en tenir aux termes sincérité et non-sincérité pour désigner ce type de désaccord. Les termes authenticité et inauthenticité seront réservés pour désigner l'accord ou le manque d'accord entre l'expérience et la symbolisation intérieure qui en est faite.

Dans l'anecdote de madame Dupont, deux réalités sont possibles: dans une première hypothèse, madame Dupont est consciente de son expérience et sait très bien pourquoi elle affirme que les aliments en conserves sont meilleurs que les autres. Dans ce cas, elle est authentique: elle choisit de taire son expérience de malaise et cherche à conserver l'estime de son mari en justifiant son comportement. Selon cette première hypothèse, si on interrogeait madame Dupont sur le sentiment qu'elle éprouve en ouvrant une boîte de conserves, elle témoignerait probablement du malaise que nous supposons chez elle. Nous conclurions qu'elle est à la fois authentique et sincère. Elle pourrait aussi nier tel malaise qu'elle sait par ailleurs éprouver. Nous dirions alors qu'elle est authentique (par rapport à elle-même) mais non-sincère. Contrairement à ce qui se produit dans le cas de l'inauthenticité, le manque de sincérité est identifié comme tel dans le champ perceptuel de la personne: la personne sait que ce qu'elle dit ne correspond pas à ce qu'elle vit; c'est un choix qu'elle fait de ne pas communiquer son expérience à autrui. Certains moniteurs de groupe utilisent la méthode suivante pour confronter des personnes chez qui ils perçoivent un tel phénomène: ils s'adressent à elles en posant cette question paradoxale: «est-il vrai, ce mensonge?»

On peut faire une seconde hypothèse concernant l'anecdote de madame Dupont. Il est possible que celle-ci ait été l'objet d'un processus d'inauthenticité, son expérience ne pouvant être symbolisée adéquatement, en vertu d'une réaction défensive. Elle est alors vraiment convaincue de ce qu'elle dit, à savoir que les aliments en conserves sont meilleurs que les autres et que, c'est en vertu de cette vérité scientifique, qu'elle ouvre des boîtes de conserves. Pour elle, l'expérience de base — celle de la cuisinière malhabile que nous supposons toujours — qui alimente sa conviction est inaccessible dans son champ perceptuel. Nous concluons qu'il y a un processus d'inauthenticité qui s'accompagne de la sincérité la plus totale. Rappelons ici le postulat du primat de la subjectivité décrit au chapitre deuxième: le comportement de madame Dupont, à cet instant, est fonction de la perception qu'elle a d'elle-même et de son environnement à cet instant précis. Madame Dupont se perçoit comme bonne épouse lorsqu'elle offre des aliments qui favorisent la santé. Même si, par hypothèse, elle est inauthentique dans les faits, elle est parfaitement sincère et s'étonnerait que l'on mette en doute cette sincérité.

La difficulté d'identifier, sur-le-champ et directement, les processus d'authenticité et d'inauthenticité entraîne plusieurs conséquences. En voici deux. La première est d'ordre culturel: depuis que les termes «congruence», «authenticité», «accord avec soi-même» se répandent, à la suite surtout des écrits de Carl Rogers, la confusion règne à ce sujet. Plusieurs personnes utilisent le terme authenticité pour désigner le phénomène décrit plus haut comme la sincérité. Ayant retenu de leurs lectures psychologiques que la personne équilibrée est celle qui accède à un maximum d'authenticité, elles en déduisent qu'il leur faut dire tout ce qui leur passe par la tête, pour être «authentique» et développer de bonnes relations interpersonnelles. Dans certains milieux c'est même devenu une norme de dire tout ce que l'on ressent. Cette confusion est sérieuse car l'absence de tout contrôle, au niveau du comportement, est loin de faciliter un processus de croissance personnelle. Pour caricaturer, disons que «la diarrhée psychologique» n'a aucun rapport avec la réalité de l'authenticité. Etre authentique, c'est «identifier correctement tout ce qui se passe en soi», selon le principe de l'ouverture à l'expérience décrit plus haut; mais, quant au choix de communiquer ou non son expérience à son interlocuteur, il ne saurait être régi par le principe du «tout ou rien». Bien d'autres critères devront entrer en ligne de compte, ne serait-ce que le respect d'un interlocuteur que l'on pourrait blesser profondément par une soi-disant authenticité mal comprise.

La seconde conséquence prend la forme d'une question: si l'authenticité et l'inauthenticité sont des processus auxquels je n'ai pas directement accès, puis-je savoir, dans une circonstance précise, si je suis authentique ou non? La réponse à cette question sera traitée au chapitre huitième qui décrit le processus de symbolisation ainsi que la relation heuristique; pour l'instant retenons deux éléments. Le premier est que chacun a besoin des autres pour accéder à l'authenticité ou vérifier son degré d'authenticité. Le second est que la connaissance de soi, à mesure qu'elle s'approfondit, permet à une personne d'identifier des indices subjectifs qui l'aident à percevoir indirectement ses manques d'authenticité. L'absence d'authenticité, par exemple, s'accompagne des symptômes du processus défensif décrit plus haut. Chacun peut donc arriver à percevoir sa façon à lui d'être défensif. Telle personne conclura qu'elle devient défensive lorsqu'elle se sent tellement engagée émotivement dans une discussion que le sort de l'humanité semble dépendre de l'acceptation de son point de vue. Telle autre éprouvera un malaise bien particulier lorsqu'elle sera inauthentique. Telle autre sera incapable de faire face à des remises en question de ses perceptions, etc. Chacun peut trouver ses indices à lui, avec l'aide des autres.

Jusqu'à présent, l'authenticité a été décrite pour elle-même. Voyons maintenant en quoi l'inauthenticité peut faire obstacle au processus de croissance et à l'inverse comment l'authenticité devient une condition de la croissance personnelle d'une autre personne. Supposons qu'un adulte, face à un enfant turbulent, vive une expérience d'impatience très forte. Si l'expérience de cet adulte est symbolisée correctement, sans honte et sans reproche, celui-ci peut sans doute la contrôler et faire des choix nuancés face à l'enfant. Tout en tenant compte de cette impatience, il peut l'intégrer dans un ensemble de valeurs plus vaste et agir en conséquence envers l'enfant. Ce qui importe ici pour la croissance de cet enfant, c'est qu'il ne soit pas rendu responsable de l'expérience vécue par l'adulte incapable de tolérer l'agitation et le bruit, à ce moment précis. Dans le cas d'inauthenticité de la part de l'adulte, il est probable que l'expérience d'impatience rejetée du champ de la conscience, entraînera un rejet effectif de l'enfant qui par sa turbulence provoque cette expérience. Cet enfant percevra, sans doute, le rejet et conclura que ce qui se passe en lui à ce moment est mauvais. Pour peu qu'il se sente culpabilisé à cet instant, il commencera lui aussi à nier en lui-même les expériences qui ont comme conséquence un tel rejet (13).

Dans le contexte d'une relation interpersonnelle, on parle souvent du «double message» comme conséquence de l'inauthenticité. D'une part, je peux affirmer *verbalement* que j'aime quelqu'un alors que, d'autre part, mon comportement *non-verbal* lui communique exactement le contraire. Plus l'expérience que je vis face à une personne est identifiée correctement, plus je peux exercer un contrôle sur cette expérience et avoir un comportement cohérent face à l'autre. Dans le cas contraire, la méfiance se développe, la communication se brouille et mon interlocuteur devient de plus en plus défensif.

La considération positive inconditionnelle

L'authenticité est une attitude qui permet à chacun de bien identifier ce qu'il vit face à lui-même et face aux autres; elle confère aussi à la personne qui l'adopte une plus grande possibilité de choix et de contrôle sur son comportement. La seconde attitude, la considération positive inconditionnelle à l'égard d'autrui, entraîne un genre de choix qui est de nature à favoriser le processus de croissance chez celui qui en bénéficie.

On a vu déjà que la considération positive inconditionnelle à l'égard de soi-même est un des éléments du processus de croissance. La même attitude est décrite ici, mais il s'agit, cette fois, de l'adopter à l'égard d'une autre personne. D'ailleurs, l'une ne va pas sans l'autre: la considération positive à l'égard de l'autre découle naturellement de la considération positive à l'égard de soi-même; de plus, il est très difficile, voire impossible, d'adopter cette attitude à l'égard d'autrui sans l'avoir d'abord à l'égard de soi-même. En ce sens, on peut affirmer que nul ne peut aimer l'autre plus que lui-même.

La notion de considération positive inconditionnelle, comme la notion d'authenticité, a donné lieu à toutes sortes d'interprétations qui, dans le concret, ne sont pas propres à favoriser le processus de croissance. Mentionnons quelques-unes de ces interprétations, avant de préciser ce qu'est la véritable attitude de considération positive inconditionnelle.

Une première interprétation inadéquate consiste à la définir comme une norme d'action à l'égard d'autrui. Plusieurs personnes s'interdisent ainsi toute exigence personnelle à l'égard d'autrui: sous prétexte que chacun est guidé par une tendance à l'actualisation, elles en déduisent qu'il faut éliminer toute confrontation et même toute frustration pour qu'une personne s'actualise. En conséquence, ces personnes cherchent à créer un environnement qui exclut presque toute contrainte. Ceci est possible dans certaines circonstances privilégiées comme une entrevue de psychothérapie, mais, cela est tellement contraire à la réalité quotidienne, qu'une personne qui, par hypothèse, serait soumise à un tel environnement pendant une longue période de sa vie risquerait d'être fort démunie au contact éventuel d'un environnement social normal. Cette tendance s'est répandue, en particulier, dans certains milieux éducatifs. Malheureusement, l'enfant soumis à un environnement de type laissez-faire, pourrait facilement devenir incapable d'affronter les obstacles qu'il rencontrerait inévitablement par la suite dans des milieux moins permissifs. Une telle interprétation, en termes de laissez-faire, de l'attitude de considération positive inconditionnelle ignore un des principes énoncés plus haut: celui de l'auto-régulation de l'organisme. La personne peut s'actualiser grâce au feed-back de l'environnement et, dans bien des cas, grâce aux contraintes qu'elle rencontre dans ses nombreuses négociations avec son milieu.

Une deuxième interprétation, semblable à la première mais poussant plus loin que le laissez-faire, prend la forme d'une approbation systématique du comportement de l'autre. On oublie que la considération positive n'a rien à voir avec l'approbation; qu'elle se trouve en fait au-delà de toute approbation ou désapprobation. Ces dernières attitudes sont même contraires à l'attitude de considération positive inconditionnelle, car elles supposent chez celui qui les adopte l'exercice d'un jugement de valeur normatif à l'égard d'autrui. Celui qui approuve se considère comme habilité à se prononcer sur le cheminement de son interlocuteur. Qu'il approuve ou qu'il désapprouve, il se met dans la position d'un juge et contredit pratiquement l'aptitude de l'autre à juger de ses propres comportements.

Une troisième interprétation erronée est celle de la «tolérance» à l'égard d'autrui. Dans ses premiers écrits, Carl Rogers (14) employait l'expression «acceptation inconditionnelle à l'égard d'autrui». Mais il a lui-même modifié son vocabulaire et privilégié la «considération positive» pour bien signifier que l'acceptation ne suffit pas. Tolérer quelqu'un, c'est, d'une part, juger négativement son comportement mais s'imposer, d'autre part, de ne pas désapprouver un comportement qui est perçu comme négatif. C'est déjà une amélioration par rapport à l'attitude de jugement manifeste à l'égard de l'autre, mais cela ne suffit pas pour activer un processus de croissance chez lui.

Enfin la quatrième interprétation abusive, la plus subtile et la plus nocive, consiste à éliminer systématiquement de son champ perceptuel les sentiments négatifs qui naissent à l'égard d'autrui. Au nom de la considération positive inconditionnelle, je me sens honteux ou coupable des sentiments négatifs spontanés qu'entraîne souvent le contact avec autrui. L'idéal mal compris de la considération positive inconditionnelle devient une norme extérieure qui entraîne l'inhibition et donc un processus défensif face à l'autre. Cette façon de faire ne peut qu'entraîner le phénomène des doubles messages décrits plus haut.

Le modèle de la personne qui établit clairement la distinction entre le comportement et le champ perceptuel peut aider à décrire adéquatement ce qu'est la considération positive inconditionnelle. D'une part, l'objet de cette attitude n'est pas d'abord le comportement de l'autre mais le contenu de son champ perceptuel. D'autre part, elle consiste à affirmer le processus d'évaluation organismique chez l'autre et sa capacité de se prendre en charge (15).

Pour expliciter ces deux aspects de la considération positive inconditionnelle, prenons comme exemple un cas extrême où le comportement de l'autre menace ma propre actualisation. Je découvre, par exemple, que ma femme a une relation amoureuse avec un amant. Je suppose également que j'aime vraiment ma femme et que j'en éprouve une douleur intense. Puis-je aborder cette question avec elle en ayant une attitude de considération positive inconditionnelle? La réponse qui va suivre est d'ordre théorique; elle ne représente pas, sans doute, la réponse typique du mari trompé. Le choix, par ailleurs, d'un cas extrême même s'il ne semble pas réaliste, permet de mieux saisir la notion théorique de considération positive inconditionnelle. De plus, il permet de s'interroger sur les limites de cette attitude dans la vie de tous les jours. Reprenons donc l'exemple. Si je suis moi-même menacé dans mon image personnelle et dans la réponse à mes besoins fondamentaux, si je me sens atteint émotivement dans ma dignité de mâle et dans mes droits d'époux légitime, il est évident que je ne puis plus penser à une attitude de considération positive inconditionnelle à l'égard de «l'épouse infidèle». Nul ne peut aimer l'autre plus que lui-même. Supposons, par ailleurs, que mon état émotif me permet de partir du point de vue de celle que j'aime et d'entrer dans une démarche de négociation avec elle. L'attitude de considération positive inconditionnelle consiste à reconnaître le droit fondamental de cette femme à disposer d'elle-même et à trouver une réponse adéquate à son besoin d'aimer et d'être aimée; droit plus fondamental encore que mes droits d'époux. Je ne conteste pas non plus la valeur et l'authenticité des sentiments de mon épouse à l'égard de son amant, tout en identifiant aussi la peine, la douleur et même la colère que ces sentiments provoquent en moi. Je peux donc maintenir une attitude de considération positive inconditionnelle à l'égard des éléments subjectifs chez mon épouse, quelles que soient les implications pour moi de ce que je vais découvrir dans son champ perceptuel. Dans l'hypothèse d'une incapacité de ma part de partager avec un autre l'intimité de ma relation conjugale, je peux, moi aussi, exprimer mes sentiments et aborder la «négociation» en refusant, par exemple, cette double relation. Je peux exiger qu'elle fasse un choix. Reste à savoir si cette position de ma part est réaliste et si elle n'entraînera pas la fin de notre relation affective. Il est probable, cependant, qu'une relation qui s'amorce sous le signe de la considération positive inconditionnelle permettra de reprendre la question sous un angle tout à fait différent, la négociation initiale débouchant sur une co-évaluation de notre relation de couple. Quelle que soit l'issue de cet échange, il reste que l'objet de la considération positive inconditionnelle n'est pas le comportement de l'épouse mais l'ensemble de son monde subjectif et le primat de sa subjectivité dans le choix qu'elle devra faire à la suite de la négociation entreprise. Nous sommes loin, on le voit, du laissez-faire ou de l'approbation systématique; et pourtant, malgré le défi que pose une telle situation, il s'agit bien ici de considération positive inconditionnelle.

De façon générale, on peut identifier une attitude de

considération positive inconditionnelle chez une personne qui se perçoit comme incompétente pour juger de ce qui est bon pour une autre personne, et, en conséquence, considère l'autre comme «l'expert» pour toute décision ayant trait à sa propre actualisation. Le chapitre dixième, qui traitera de la non-directivité, apportera plus de précisions à ce sujet.

La compréhension empathique

La troisième condition qui facilite le processus de croissance chez autrui est une attitude qui suppose les deux autres, mais elle les prolonge dans une attitude plus active. La compréhension empathique est une attitude qui permet de percevoir le comportement de l'autre à la façon dont lui-même le perçoit. On oppose souvent deux façons de considérer le comportement d'une personne pour préciser ce qu'est la compréhension empathique. Une première façon consiste à interpréter ce comportement à partir d'un cadre de référence externe; l'autre à situer le comportement dans le prolongement du champ perceptuel de la personne, selon son cadre de référence interne.

Dans l'exemple de l'épouse infidèle citée plus haut, je peux évaluer son comportement en fonction d'un cadre de référence externe, en l'occurrence, «l'image de la bonne épouse dans notre société» ou plus précisément «mes attentes à moi face à cette personne». Je peux aussi comprendre le comportement de cette femme en fonction de son cadre de référence interne. Comment perçoit-elle, elle-même, ce comportement, à quels besoins répond-il, que ressent-elle face à ce comportement, comment l'évalue-t-elle, etc.? La compréhension empathique consiste à regarder le comportement de l'autre *comme si* j'étais cette autre personne, sans perdre de vue cependant que je ne suis pas cette autre personne; sans cesser en particulier d'éprouver, de reconnaître et de symboliser ce que je vis dans la situation.

La compréhension empathique est une façon de concrétiser le «primat de la subjectivité», postulat que j'adopte dans ma façon de comprendre la personne humaine. S'il est vrai que tout comportement, à un instant donné, est fonction de la perception que l'on a de soi et de l'environnement, à cet instant donné, mon attitude, lorsque je cherche à comprendre une personne, est une attitude de recherche des éléments de son champ perceptuel qui président, chez elle, à la transformation de l'énergie organismique en comportement. Cette attitude suppose, d'une part, que je sois conscient d'une réalité fondamentale, à savoir que les gens sont différents les uns des autres, que chacun est unique, même s'il y a des éléments communs à toute personne. Elle suppose, d'autre part, une capacité de maintenir la distinction entre les perceptions de l'autre et les miennes. Je peux, dans certains cas, avoir une perception de l'autre contraire à celle que l'autre a de lui-même, dans le cas de l'inauthenticité, par exemple, lorsque j'enregistre des doubles messages; mais, lorsque j'adopte l'attitude empathique, je privilégie la perception de l'autre. Cette distinction entre les deux perceptions est importante car, sans elle, j'aurais tendance à m'identifier à l'expérience de l'autre, la vivant comme si c'était aussi la mienne. On utilise plutôt le terme sympathie pour désigner cette identification chaleureuse avec l'autre lorsqu'il n'y a plus le caractère *comme si* de l'empathie. Dans la compréhension empathique, je perçois cette expérience de l'autre comme si j'étais l'autre mais sans faire mienne cette expérience.

La compréhension empathique est un facteur de l'environnement qui facilite le processus de croissance, car elle accentue et accélère les processus du champ perceptuel de l'autre: elle contribue ainsi à mobiliser avec plus de précision son énergie organismique, à faciliter chez lui l'ouverture à l'expérience et l'authenticité, à le rendre enfin plus apte à disposer de cette énergie. Elle n'introduit aucun élément extérieur, mais permet de mobiliser le potentiel de cette personne qui deviendra plus autonome et plus critique face aux influences multiples de l'environnement. Les chapitres qui suivent donneront plus de précisions sur la façon dont cette attitude peut se concrétiser dans une relation interpersonnelle.

Chapitre V

LA RELATION INTERPERSONNELLE

Les éléments recueillis dans les quatre premiers chapitres nous permettent d'affirmer qu'une personne qui s'actualise, c'est aussi une personne capable d'entrer en communication avec d'autres personnes et d'établir de saines relations interpersonnelles. Le philosophe Martin Buber considère que la relation est à ce point vitale pour le développement de la personne que pour lui le fait fondamental de l'existence ce n'est pas l'individu, ce n'est pas non plus l'ensemble des hommes qui constituent l'humanité, mais c'est «l'homme avec l'homme»; c'est-à-dire la relation interpersonnelle (1). On ne peut comprendre vraiment la personne humaine sans la concevoir comme un «être de relation» et sans comprendre l'ensemble de ses relations interpersonnelles.

Pour faciliter l'étude de ces relations interpersonnelles, le chapitre cinquième présente un modèle descriptif, basé sur les postulats du départ, ainsi qu'une typologie des rela-

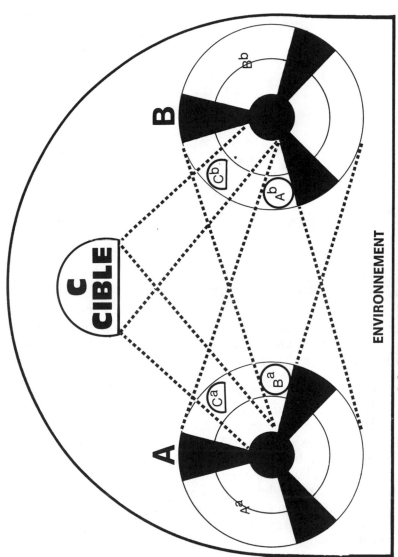

ENVIRONNEMENT

Fig. 3: LA RELATION INTERPERSONNELLE

tions interpersonnelles basée sur la théorie de la motivation détaillée au chapitre troisième. Les principaux éléments de cette typologie seront repris et explicités dans les trois chapitres suivants.

MODÈLE DESCRIPTIF DE LA RELATION INTERPERSONNELLE

Le modèle de la relation interpersonnelle représenté par le schéma de la figure 3, comporte trois éléments de base. Ces trois éléments sont situés à l'intérieur d'un demi-cercle (extérieur) qui représente l'environnement, ils sont identifiés par les lettres A, B et C, qui désignent respectivement une personne (A), qui initie la relation interpersonnelle, une autre personne (B), qui est l'interlocuteur de la première et une portion de l'environnement (C), identifiée comme la cible.

La personne A

La section A du modèle reprend les éléments déjà décrits au chapitre premier (figure 1): c'est une reproduction du modèle descriptif de la personne. On y retrouve l'énergie organismique (noyau central), le comportement (cercle périphérique), les processus inconscients de transformation énergétique, le champ perceptuel, et le soi (cercle intermédiaire).

Ce dernier élément est identifié ici par le sigle A^A: la lettre qui apparaît en exposant, à droite de la première, désigne toujours le sujet qui perçoit la réalité représentée par la première lettre. Dans le cas présent A^A signifie: le sujet A tel qu'il est perçu par A, c'est-à-dire par lui-même, ce qui est une autre façon de désigner le soi (voir figure 1).

Pour l'étude de la relation interpersonnelle, deux autres éléments sont identifiés dans le champ perceptuel de A: le petit cercle à droite représente l'interlocuteur de A tel que perçu par A, c'est pourquoi il est identifié par le sigle B^A. Le demi-cercle situé au-dessus du cercle B^A représente la cible telle que A la perçoit: C^A. Ces deux éléments servent à concrétiser un des postulats décrits au chapitre premier: «le primat de la subjectivité». Le comportement de la personne A, dans ses relations interpersonnelles, sera une fonction des perceptions qu'elle aura d'elle-même (A^A), de son interlocuteur (B^A) et de la cible (C^A). La relation interpersonnelle est une réalité, où, le plus souvent, les deux personnes prennent à tour de rôle l'initiative. Dans l'utilisation du modèle, pour analyser l'évolution d'une relation, il peut s'avérer utile de distinguer celui qui prend l'initiative de la relation, et celui qui est sollicité; car la réalité de la relation interpersonnelle est bien différente selon qu'elle est vécue de l'un ou l'autre de ces points de vue. C'est pourquoi dans le modèle le sigle A désigne toujours celui qui initie la relation.

La personne B

L'ensemble de cercles concentriques qui apparaît sous la lettre B représente la personne avec laquelle le sujet A entre en relation. C'est une réplique exacte du modèle de la personne et du schéma qui représente la personne A, à la différence que la lettre B identifie cette fois le sujet qui perçoit. Etablie uniquement pour les fins de l'analyse, la distinction «initiateur-sollicité» paraît toujours un peu artificielle dans la réalité quotidienne. Lorsqu'on utilisera le modèle pour comprendre ses propres relations interpersonnelles, avec telle personne par exemple, on aura avantage à se situer tantôt à la position A tantôt à la position B.

La cible C

Le demi-cercle qui apparaît au-dessus des deux sections A et B représente une portion de l'environnement physique ou socio-culturel dans lequel s'établit une relation interpersonnelle. Le terme «cible» est utilisé pour établir un lien particulier entre les deux membres d'une relation interpersonnelle et un élément de l'environnement qui pourrait mobiliser l'énergie organismique des deux interlocuteurs, et en fonction duquel les deux sujets auraient à conjuguer leurs efforts physiques ou intellectuels.

Un exemple banal: deux personnes unissent leurs efforts pour déplacer un meuble qu'aucun des deux ne peut soulever à lui seul. La cible en question est ici le meuble à déplacer.

La notion de cible servira surtout pour décrire certains types de relations interpersonnelles. Cet élément n'est donc pas aussi central que les deux autres et il n'est pas à considérer comme essentiel dans toute relation interpersonnelle. On verra même parfois la personne (B) constituer la cible de A et vice-versa. Il n'est pas utile alors d'introduire l'élément C du modèle pour comprendre la relation. C'est pourquoi le demi-cercle C, dans les schémas des figures ultérieures, sera parfois représenté en pointillés (voir, en particulier, chapitre sixième).

L'EXPÉRIENCE DE LA RELATION INTERPERSONNELLE

Dans l'expérience quotidienne que nous avons de la relation interpersonnelle, les facteurs qui influencent nos perceptions et nos comportements sont tellement nombreux et variés qu'il n'est pas facile de réduire à un processus typique tout phénomène de relation interpersonnelle. A titre d'essai, cependant, quelques principes de base seront dégagés dans les lignes suivantes, à partir d'une anecdote.

«Justin est un homme entier et très spontané dans l'expression de ses sentiments. Il est aussi d'un tempérament très bouillant. Assis paisiblement devant sa demeure, il assiste un jour à une scène qui le fait bondir. Devant lui, à une certaine distance, de l'autre côté de la rue, un enfant joue au bord du trottoir. Un peu plus loin, un homme avance lentement: il est grand, bien bâti, marche la tête haute et tient un bâton à la main. L'homme approche de l'enfant qui, absorbé dans son jeu, ne le remarque pas. Justin a l'impression que l'homme est distrait et ne voit pas l'enfant. De fait, arrivé à sa hauteur, le passant bouscule l'enfant qui tombe dans la rue, se blesse et se met à pleurer. Justin court déjà au secours de l'enfant, et, sur un ton colérique, il lance au passant malhabile: "espèce de brute, tu ne pourrais pas regarder où tu marches"! Il constate, à ce moment, qu'il est en face d'un aveugle, dont il n'avait pas remarqué la canne blanche. Justin se confond en excuses et cherche à réparer la gaffe du mieux qu'il peut.»

Utilisons maintenant le modèle de la relation interpersonnelle pour analyser brièvement cette séquence de relation entre Justin (A) et l'aveugle (B). Dans l'environnement de Justin, un ensemble de faits, décrits au début de l'anecdote, amènent celui-ci à entrer en relation avec cet étranger dont il a observé le comportement. Justin enregistre d'abord une série de stimuli au niveau du comportement de B: «il est grand, bien bâti, marche la tête haute et tient un bâton à la main». Ces éléments s'organisent spontanément dans le champ perceptuel de Justin et constituent l'image B^A. L'organisme humain est spontanément actif face aux stimuli; il les organise en un tout cohérent, selon un processus identifié en psychologie de la perception par le terme «figure-fond». Selon ce principe, à partir d'un ensemble indéterminé de stimuli qui constituent le «fond,» la «figure» résulte d'une sélection de stimuli que l'organisme réunit en un tout cohérent (2). A notre demande, Justin pourrait déjà nous faire connaître l'image qu'il se fait de cette personne (B^A). Ce portrait détaillé résulterait de l'organisation opérée par Justin à partir des comportements observés, auxquels se seraient ajoutés un ensemble d'éléments puisés dans son champ perceptuel. A ce moment du récit, nous n'avons aucune idée de cette image B^A, mais les éléments qui suivent nous permettent de l'inférer. Elle est résumée, en particulier, dans cette phrase de Justin: «espèce de brute». On peut très bien suivre, dans le champ perceptuel de Justin, le passage de l'enregistrement des comportements observés à cette image B^A: «l'homme qui est grand, bien bâti, marche la tête haute, tient un bâton à la main et bouscule un enfant» (comportement directement observable) est devenu une «brute», c'est-à-dire une personne qui pose des gestes avec des intentions malveillantes ou du moins en faisant preuve de «négligence criminelle». Rappelons que, dans les circonstances, Justin n'a pas directement accès au monde subjectif de B; il interprète le comportement de B à partir d'un cadre de référence externe, à l'inverse de la compréhension empathique déjà décrite au chapitre quatrième — attitude qui n'est pas possible, dans les circonstances. «La brute» est une réalité *perçue* par Justin à partir de faits objectivement observables, mais comme telle elle n'existe pas; la suite de l'histoire le montre bien. La personne B^A telle qu'interprétée par Justin (B^A) n'existe pas ailleurs que dans son champ perceptuel: de fait, s'il y a une «brute» dans cette histoire c'est bien Justin qui reproche à un aveugle de ne pas regarder où il marche. On vérifie, une fois de plus, que le comportement de Justin ne s'explique pas en fonction de la réalité telle qu'elle est, mais en fonction de la perception qu'il en a (primat de la subjectivité).

On peut utiliser le modèle de la relation interpersonnelle pour cerner la réalité de façon plus rigoureuse, en distinguant, par exemple, ce qui est de l'ordre du comportement et ce qui est de l'ordre de la perception globale (B^A). On emploie souvent le terme «décoder» pour établir la signification exacte d'un message ou d'une séquence de relation interpersonnelle (3). Ainsi, le message exprimé par Justin est formulé dans la phrase: «tu es une brute», mais une fois décodé, ce même message pourrait se lire comme suit: «si un homme normal, si moi, par exemple, tel que je suis, j'avais fait ce que tu viens de faire, je me considérerais comme une brute».

Ce décodage permet de saisir ce que Carl Rogers a identifié comme une source majeure de toutes les difficultés de relation interpersonnelle, à savoir «notre tendance spontanée à juger» (4). Le problème est facile à identifier, mais plus difficile à solutionner; car tous les jugements que nous portons sont la manifestation d'un processus central du développement personnel. Cette activité repose en particulier sur le besoin fondamental de comprendre qu'elle vient satisfaire, et l'on ne peut s'en départir sans aller contre la tendance, la plus profonde de l'organisme humain, à s'actualiser. Cette remarque de Rogers est même devenue une norme pour plusieurs personnes qui, de peur de juger autrui, tombent le plus souvent dans un processus défensif et inhibent les jugements spontanés qui surgissent dans leur champ perceptuel. En faisant ici la distinction entre le comportement et le champ perceptuel, le modèle permet de faciliter, d'une part, l'émergence dans le champ perceptuel (authenticité) de toute image que je me fais de l'autre. Il permet, d'autre part, dans un deuxième temps de critiquer cette image puis de contrôler le comportement qui en découle spontanément. Ce n'est pas le jugement comme tel, ni même la tendance spontanée à juger — ce sont là des manifestations d'un organisme en santé — qui nuisent aux relations interpersonnelles; ce sont plutôt le manque d'authenticité et le manque de sens critique à l'égard de ces jugements spontanés.

Le modèle descriptif de la relation interpersonnelle permet d'effectuer une identification rapide, précise et parfois brutale des éléments constitutifs de l'image B^A, la perception que j'ai de l'autre, favorisant ainsi l'authenticité. Précisons encore que dans la mesure où s'ajouteront à cette première attitude, la «considération positive inconditionnelle» et «l'empathie», une critique systématique de l'image B^A pourra être faite et un comportement plus adéquat pourra en résulter.

En résumé, on peut dégager les étapes suivantes dans la naissance de toute relation interpersonnelle:

1. j'enregistre un nombre restreint de comportements de B;
2. je les organise en un tout cohérent qui reflète mon expérience personnelle, mes valeurs, mes intérêts, mes expériences passées, etc.;
3. j'agis en fonction de l'image B^A que je me fais de l'autre.

Notons, enfin, que la première image que je me fais de quelqu'un est souvent très tenace, au point de m'empêcher d'enregistrer par la suite des comportements différents qui viendraient remettre en question cette image. Les études sur le préjugé (5) établissent même que celui qui est l'objet d'un préjugé aborde la réalité de l'autre avec une image (BA) qui précède même l'observation de quelque comportement que ce soit. Cette image BA constitue ce qu'on pourrait appeler un filtre perceptuel: «je m'attends tellement à ce que le Noir, le Juif, le Catholique ou l'Américain agisse de telle façon que j'observe effectivement les comportements attendus; alors qu'un observateur impartial aurait une perception tout à fait différente de ces mêmes comportements».

TYPOLOGIE DES RELATIONS INTERPERSONNELLES

La relation interpersonnelle constitue donc une réalité psychologique propre à être étudiée en soi à l'aide du modèle précédent, par exemple. Elle peut aussi être considérée comme un moyen qu'utilise une personne pour satisfaire ses besoins fondamentaux. C'est dans cette dernière perspective que la typologie suivante est établie. Elle définit quatre types de relations: la relation fonctionnelle qui permet une satisfaction des différents besoins d'ordre physique; la relation chaleureuse qui correspond au besoin d'aimer et d'être aimé; la relation co-opérative qui correspond au besoin de produire et la relation heuristique qui correspond au besoin de comprendre. Le premier type de relation sera décrit dans le présent chapitre; les autres feront seulement l'objet d'une brève définition et seront repris successivement dans les trois prochains chapitres.

La relation fonctionnelle

La plupart des théories de la relation interpersonnelle traitent, en fait, des relations les plus susceptibles de favoriser le processus d'actualisation (6). La présente théorie accordera elle-même moins d'importance à la relation fonctionnelle qu'aux trois autres types de relation. Il n'en reste pas moins que dans l'expérience quotidienne de la vie en société, les relations établies par chacun avec ses semblables sont souvent de type fonctionnel.

La relation fonctionnelle est celle qui a pour fonction principale d'apporter une satisfaction à un besoin physique. Elle est d'ordre pratique: selon la définition du dictionnaire (Robert) «c'est une relation qui remplit une fonction pratique avant d'avoir tout autre caractère». C'est la relation qui préside à des échanges de type commercial et qui s'établit ordinairement dans l'exercice d'un service professionnel. Les caractéristiques personnelles de B passent alors au second plan, pourvu que celui-ci soit apte à fournir les éléments: denrées, produits de consommation, services, dont A a besoin pour satisfaire ses besoins physiques.

Il est hasardeux, sans doute, d'inclure dans une seule catégorie l'ensemble des relations à travers lesquelles une personne cherche la satisfaction de ses besoins physiques. Chaque situation est unique si l'on tient compte du contexte, des personnalités, et des attentes multiples de chacun. La définition utilisée ici respecte cette diversité mais en dégage une caractéristique qu'elle met au premier plan: cette relation «remplit une fonction pratique *avant* tout autre caractère». Cette définition permet aussi de tenir compte de plusieurs autres caractéristiques secondaires. Bien des personnes vivront une insatisfaction, si le paquet de cigarettes qu'elles achètent d'un commis, n'est pas accompagné d'un sourire cordial ou simplement si «le commis a l'air bête». D'autres personnes attendent souvent une collaboration de leur fournisseur pour les aider à résoudre un problème selon le mode co-opératif qui sera décrit au chapitre septième. Retenons que la relation fonctionnelle n'est pas *exclusivement* pratique mais qu'elle remplit *d'abord* une fonction pratique.

La motivation principale qui incite A à entrer en relation fonctionnelle avec B est l'émergence dans son champ perceptuel d'un besoin physique quelconque. Il est facile d'identifier une telle relation dans des gestes simples comme l'achat d'un pain, d'un paquet de cigarettes, etc. Mais en réalité, bien des besoins physiques se manifestent à l'intérieur de processus plus complexes: un besoin de manger trouve souvent satisfaction à même une rencontre interpersonnelle qui répond à d'autres besoins; le besoin sexuel est le plus souvent satisfait dans une relation affective ... La notion de relation fonctionnelle suffit donc rarement à l'analyse d'une relation concrète. Elle permettra souvent, par ailleurs, de cerner la différence entre une relation vraiment interpersonnelle et celle où la personne de B passe au second plan: une relation chaleureuse, par exemple, diffère beaucoup de l'aventure passagère, où seul le plaisir sexuel est sollicité du partenaire.

On peut dégager de la remarque qui précède un mode d'emploi de cette première catégorie de relations, pour l'analyse des relations interpersonnelles. Au-delà de son caractère apparemment banal, la relation fonctionnelle permet de délimiter les frontières de chacune des relations qui seront décrites dans les chapitres suivants. Dans la relation fonctionnelle, en effet, la personne de B est perçue en fonction d'un rôle, celui de pourvoyeur d'un bien quelconque. Les personnes qui reprochent parfois à leur partenaire affectif ou professionnel de les considérer comme des objets identifient probablement une relation fonctionnelle, là où leurs attentes sont celles d'une relation plus personnalisée. On parle d'ailleurs d'échange impersonnel pour désigner la relation de type fonctionnel.

La catégorie utilisée ici ne préjuge d'aucune option personnelle ni d'aucun schème de valeur quant à la façon de concevoir et de vivre ses relations interpersonnelles: elle est définie comme une relation qui met l'accent sur l'aspect pratique. A chacun d'évaluer les modalités personnelles qu'il désire introduire dans l'exercice de ses relations interpersonnelles. En soi, la relation strictement fonctionnelle n'est reliée au processus d'actualisation que par l'objet matériel qu'elle procure à A. Aucune donnée scientifique ne permet d'évaluer si des composantes chaleureuses, co-opératives et heuristiques (objets des chapitres subséquents) seraient de nature à rendre la relation fonctionnelle plus actualisante. Au-delà du critère d'efficacité, toutes les options semblent équivalentes. C'est la satisfaction vécue par A dans cette relation qui devient le seul critère d'une «bon-

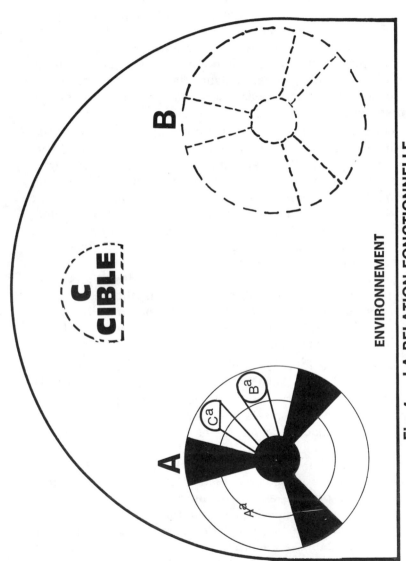

C
CIBLE

B

A

C^a

B^a

A^a

ENVIRONNEMENT

Fig. 4: LA RELATION FONCTIONNELLE

ne relation fonctionnelle». Une relation fonctionnelle impersonnelle, par exemple, sera un obstacle à l'actualisation non pas *parce qu'*elle est privée d'éléments personnels mais parce que l'individu qui la vit a des attentes autres que fonctionnelles lorsqu'il entre en relation avec quelqu'un. Le phénomène de dépersonnalisation des relations interpersonnelles en milieu urbain, par exemple, ne peut être condamné en soi par le seul fait qu'il privilégie des relations fonctionnelles. Tout dépendra de la possibilité pour chaque individu d'établir aussi des relations autres que des relations fonctionnelles.

Toutes ces données permettent de conclure que même s'il faut la considérer comme une des catégories de la typologie générale des relations interpersonnelles, la relation fonctionnelle n'est pas à proprement parler *interpersonnelle*. L'élément B du modèle est effectivement une personne, mais cette personne est perçue par A comme un élément de l'environnement, apte à répondre à un besoin individuel, plutôt qu'à un besoin interpersonnel. Le schéma de la figure 4 permet de symboliser ce type de relation: seul l'élément A du modèle et l'environnement sont représentés en traits solides, tout le reste, y compris la personne B, est représenté en traits pointillés pour souligner son caractère secondaire.

Rappelons, en terminant, que la description faite ici est d'ordre théorique et qu'elle veut fournir des éléments d'analyse. Il se peut que certaines personnes ne vivent jamais à l'état pur ce type de relation fonctionnelle, ou, lorsque cela arrive, le font à leur corps défendant et avec un sentiment d'échec.

Les relations entre deux personnes

Les trois autres catégories de la typologie, contrairement à la relation fonctionnelle, ont ceci en commun: elles mettent en interaction deux personnes qui se perçoivent comme des partenaires d'une relation, celle-ci étant perçue comme susceptible de satisfaire un ou plusieurs de leurs besoins fondamentaux d'ordre psychologique. Ici, comme dans le cas précédent, les descriptions seront faites dans une perspective théorique, pour fin d'analyse. Les types purs correspondent rarement à la réalité concrète mais pour faciliter la description, les trois types de relation qui font l'objet des chapitres 6, 7 et 8 seront présentés en prenant pour acquis le fait suivant: les deux personnes A et B cherchent simultanément à répondre au même besoin fondamental, sinon de façon exclusive du moins de façon prédominante. L'expérience étant toujours plus complexe et plus riche que la théorie, l'utilisation de ces catégories dans une analyse concrète devra donc se faire avec beaucoup de nuances. Il est d'ailleurs probable que la compréhension d'une relation interpersonnelle plus concrète exigera l'utilisation des éléments répartis à travers les trois chapitres suivants.

Avant d'aborder chacune de ces descriptions, voici, en guise d'introduction, une définition sommaire de ces trois types de relations interpersonnelles. La relation chaleureuse est celle où une personne A crée un lien avec une personne B dans le but de satisfaire son besoin d'aimer et d'être aimée. La relation co-opérative s'établit lorsqu'une personne A s'associe à une personne B perçue comme ayant une compétence particulière pour aider A dans la satisfaction concrète d'un besoin de transformer son environnement. Dans la relation heuristique — le terme signifie «ce qui favorise la découverte» — une personne A entre en interaction avec une autre personne B dans le but de mieux symboliser sa propre expérience, soit celle qu'elle a d'elle-même, soit celle qu'elle a de l'environnement.

Chapitre VI

L'EXPÉRIENCE D'AIMER ET LA
RELATION CHALEUREUSE (1)

La personne est orientée par une tendance à l'actualisation et elle possède tout ce qu'il lui faut pour s'actualiser effectivement, pourvu que l'environnement lui fournisse un minimum de conditions facilitantes. Déjà les chapitres précédents ont permis d'expliciter de façon générale ce «pourvu que». Les trois chapitres qui suivent vont élaborer des aspects précis du processus d'actualisation, par rapport à la satisfaction de chacun des trois besoins fondamentaux d'ordre psychologique: l'expérience d'aimer et d'être aimé, l'expérience de produire et l'expérience de comprendre. Chacun de ces trois chapitres traitera également d'un type de relation interpersonnelle, celui qui est de nature à faciliter le processus correspondant, et à répondre au besoin sous-jacent. Les deux réalités, celle de l'expérience et celle de la relation, sont traitées à l'intérieur d'un même chapitre:

c'est une façon de souligner leur interdépendance. Une caractéristique du processus de croissance est, en effet, qu'il se réalise en grande partie dans l'inter-personnel. Pour les fins de l'analyse théorique, chacune de ces expériences ainsi que la relation qui en découle sont traitées pour elles-mêmes. Il peut être utile de rappeler une fois de plus que ce cloisonnement, utile pour la présentation théorique, n'existe pas dans la réalité; de sorte que l'expérience de la croissance ainsi que la relation concrète, vécue entre deux personnes, seront ordinairement des composantes originales de plusieurs des éléments décrits dans les trois chapitres qui suivent.

L'EXPÉRIENCE D'AIMER ET D'ÊTRE AIMÉ

Une affirmation a déjà été proposée au chapitre troisième, à l'effet que toute personne qui s'actualise vit, d'une façon ou d'une autre, l'expérience d'aimer et d'être aimée. Partons maintenant de la réalité la plus quotidienne, en recueillant les expériences nombreuses et variées auxquelles chacun réfère quotidiennement lorsqu'il emploie le mot «aimer». En fait, dans la langue française, le mot est employé avec une variété de significations assez étonnante: j'aime le baseball, j'aime mes parents, j'aime mon ourson en peluche, j'aime mon chien, j'aime cette femme, j'aime ma maîtresse, j'aime mieux, j'aime tout le monde, je n'aime personne, j'aime bien faire du sport, j'aime le cinéma, j'aime lire, j'aime le steak saignant, etc. Les significations du terme aimer sont à ce point variées que le seul point commun des expériences sous-jacentes aux expressions plus haut mentionnées est le suivant: une prise de conscience, chez la personne qui emploie le terme, d'une relation positive (satisfaction) entre un aspect de son environnement et l'un ou l'autre de ses besoins. On peut résumer toutes les expressions qui précèdent, en disant: «j'aime (j'ai un attrait pour) tout ce qui répond à mes besoins.»

Pour traiter de l'expérience qui est directement reliée au besoin fondamental d'aimer et d'être aimé, tel qu'il a été décrit au chapitre troisième, il faut faire une sélection parmi toutes les expériences auxquelles le mot aimer peut donner accès. En fait, l'expérience d'aimer qui est décrite ici porte uniquement sur l'expérience d'un lien positif entre une personne (A) et une autre personne (B), perçue comme pouvant répondre au besoin fondamental d'aimer et d'être aimé de la première personne. L'expérience d'aimer des objets, des situations, des animaux, un être transcendant, ne sera pas traitée comme telle.

L'analyse de l'expérience d'aimer et d'être aimé permet de distinguer, dans le champ perceptuel de celui qui vit cette expérience, trois dynamismes autonomes, ou trois processus de transformation de l'énergie organismique en comportement. Les termes suivants serviront à les identifier: le dynamisme érotique, le dynamisme affectif et le dynamisme de la liberté. Telle que vécue concrètement, l'expérience d'aimer apparaît comme la résultante de trois composantes expérientielles: l'expérience du plaisir ressenti au contact d'une autre personne (dynamisme érotique); l'expérience de l'affection qui se traduit par des sentiments de tendresse, de chaleur, de sympathie à l'égard de B (dynamisme affectif); et enfin l'expérience de choisir, d'agir plus ou moins librement, de se sentir plus ou moins libre dans son comportement à l'égard de la personne aimée (dynamisme de la liberté). Ces trois éléments sont considérés comme trois processus autonomes ayant chacun leurs lois de développement, leurs blocages, et leurs manifestations spécifiques dans le comportement de la personne. Ils sont, par ailleurs, les éléments essentiels, les composantes de toute expérience d'aimer. Chacun de ces processus sera décrit brièvement. Par la suite, la deuxième partie du chapitre explicitera différents modes d'intégration de ces trois composantes à l'intérieur d'une relation interpersonnelle.

L'expérience du plaisir ou le dynamisme érotique

L'expérience du plaisir a fait l'objet de nombreuses recherches en psychologie, à partir de la psychophysiologie qui explicite de plus en plus le fonctionnement des systèmes hormonal et nerveux sous-jacents à l'expérience du plaisir (2), jusqu'aux études de sexologie qui intègrent les données de la psychanalyse, celles de la psychopathologie (3), et celles de la psychosociologie (4).

Pour Monsieur tout-le-monde l'expérience du plaisir est celle qui apparaît dans le champ perceptuel lorsqu'un ou plusieurs sens sont stimulés de façon agréable. Dans l'expérience d'aimer plusieurs sens peuvent être impliqués: le son agréable de la voix, l'harmonie des formes corporelles, l'odeur et le goût, bien que là-dessus l'animal humain semble moins favorisé que les animaux tenus pour inférieurs à l'homme. Le plaisir du toucher qui atteint son sommet dans l'orgasme sexuel, est ordinairement le plus caractéristique du dynamisme érotique, dans l'expérience d'aimer.

Le plaisir n'est pas considéré comme une composante de l'amour uniquement dans le sens que l'expérience d'aimer authentique peut inclure une expérience sexuelle génitale. Nous verrons, plus loin, que c'est là une façon parmi d'autres d'intégrer le dynamisme érotique dans la relation chaleureuse. Il reste, cependant, que le dynamisme érotique est présent dans toute relation chaleureuse, même si son intensité varie beaucoup d'une relation à l'autre. Pour analyser cette composante de l'expérience d'aimer, il semble utile de représenter l'émergence du dynamisme érotique sur un continuum; continuum qui comporte non seulement des degrés différents de plaisir (partie positive) mais aussi une partie négative: l'ensemble des expériences de déplaisir éprouvé à l'égard d'une autre personne. Dire que le dynamisme érotique est une des trois composantes essentielles de l'expérience d'aimer, ce n'est donc pas affirmer que celle-ci est nécessairement la plus importante de ces composantes; ce n'est pas non plus affirmer qu'il y a toujours une expérience de plaisir dans l'expérience d'aimer. Selon certaines modalités qui seront décrites plus loin, une personne peut vivre l'expérience d'aimer sans éprouver un plaisir d'ordre physique, voire même lorsqu'il y a déplaisir en présence de l'autre personne. Le continuum érotique, sur lequel on peut situer toute expérience d'aimer, va donc du déplaisir intense, répulsion, dégoût, etc. jusqu'au plaisir le plus intense de l'orgasme sexuel, en passant par toute la gamme de la sensualité.

D'un autre point de vue, le dynamisme érotique peut être considéré comme un processus de transformation de l'énergie organismique en expérience (plaisir-déplaisir), puis en comportement spécifique. Comme tout processus, il peut présenter les caractéristiques d'un processus de croissance ou celles d'un processus défensif. Laissons à la psychanalyse et à la psychopathologie le soin de traiter des aspects pathologiques du dynamisme érotique. Retenons par ailleurs que, dans le champ perceptuel de la personne, le continuum plaisir-déplaisir est le témoin constant de la transformation énergétique qui se fait sous le signe de la croissance, alors que l'absence de plaisir ou de déplaisir, est le témoin perceptuel d'un processus défensif.

Les caractéristiques générales du processus de croissance et celles du processus défensif, déjà détaillées au chapitre quatrième, s'appliquent au cas particulier du dynamisme érotique. C'est pourquoi l'ouverture à l'expérience, telle que décrite, se traduit ici par l'identification de l'expérience du plaisir ou du déplaisir à l'intérieur du champ perceptuel face à une autre personne. On peut préciser davantage le processus de croissance au plan du dynamisme érotique en étudiant la correspondance entre différents stimuli érotiques et l'expérience qu'ils suscitent à l'intérieur du champ perceptuel d'une personne. On reconnaît en général, au-delà des goûts particuliers, que les personnes «en santé» ressentent une expérience de plaisir, au contact d'une peau douce; la caresse devient un comportement adéquat pour alimenter le dynamisme érotique des partenaires sexuels. L'expérience de dégoût dans une situation semblable sera plutôt considérée comme l'indice d'un processus défensif. L'analyse devient plus difficile, cependant, lorsque la violence, ou la douleur légère provoquée, par exemple, par une morsure, vient activer le dynamisme érotique. Les cas extrêmes du sadisme, où la souffrance de l'autre devient une source autonome de plaisir, et le masochisme, où des lésions corporelles deviennent indispensables au plaisir, sont faciles à classer dans la catégorie des manifestations défensives et pathologiques du dynamisme érotique. Au-delà de ces cas extrêmes, cependant, la frontière entre le plaisir et le déplaisir n'est pas toujours simple à déterminer. Quoi qu'il en soit de ces difficultés, retenons que le dynamisme érotique comporte des lois de développement et que des études plus poussées sur la correspondance entre les stimuli de l'environnement et les réactions de la personne sur le continuum plaisir-déplaisir nous aideront à comprendre un aspect important de l'expérience d'aimer et d'être aimé. L'expression «maturité érotique», ou «maturité sexuelle», peut être utilisée ici pour décrire un processus érotique qui évolue sous le signe de l'actualisation et de la croissance. A l'inverse, l'immaturité sexuelle désigne un processus défensif dont une manifestation majeure est l'inhibition ou l'incapacité d'éprouver le plaisir dans un contact physique. La peur, la honte, le dégoût ou la culpabilité face au domaine érotique sont aussi des manifestations, dans le champ perceptuel, d'un processus défensif.

Cette façon de concevoir le dynamisme érotique, comme une composante autonome de l'expérience d'aimer et d'être aimé, permet d'apporter des nuances importantes sur le phénomène de la maturité psychologique. On a souvent utilisé le terme de maturité pour désigner une personne capable de beaucoup de contrôle sur ses émotions. Le contrôle rejoint une des caractéristiques du processus de croissance (celle décrite sous le titre de la prise en charge au chapitre quatrième) mais il suppose d'abord l'émergence de l'expérience, qui par la suite est soumise au contrôle. Si le contrôle prend la forme d'un blocage et entraîne l'inhibition des émotions, il n'est plus un signe d'actualisation et n'a rien à voir avec la maturité sexuelle. La maturité est un phénomène complexe mais au niveau du processus érotique, considéré comme un processus autonome, elle consiste à éprouver le plaisir ou le déplaisir en présence d'un stimulus adéquat. La maturité érotique consiste aussi à éprouver le plaisir sans peur, sans honte, sans culpabilité et sans dégoût, comme un élément d'actualisation de soi.

Le plaisir sexuel devient une composante de l'expérience d'aimer lorsqu'il est anticipé dans le désir ressenti à l'égard d'une autre personne, ou lorsqu'il est vécu dans le contact physique qui conduit à l'orgasme. Le dynamisme érotique dans son ensemble fait partie de l'expérience d'aimer et d'être aimé, car il facilite les comportements qui peuvent traduire les sentiments propres au dynamisme affectif et les choix qui découlent du dynamisme de la liberté.

Le dynamisme affectif

Chacun sait que le désir pour un partenaire sexuel et le plaisir de l'orgasme ne sont pas suffisants pour qu'il y ait une véritable expérience d'aimer et d'être aimé. A la limite, une personne peut poursuivre, dans une aventure sexuelle passagère ou dans la prostitution, une expérience sexuelle isolée des autres composantes. Elle vit alors une relation de type fonctionnel où le partenaire sexuel répond à un besoin physique et devient un objet de plaisir. On hésitera certainement à parler d'amour dans une situation semblable. La composante érotique ne suffit donc pas pour qu'il y ait satisfaction du besoin fondamental d'aimer et d'être aimé; il y a une telle expérience lorsque, en plus de la composante érotique, des sentiments de chaleur, de tendresse, de sympathie, ou au moins d'estime, sont présents dans le champ perceptuel de celui qui aime. Le terme «affection» sera utilisé pour désigner l'ensemble de ces sentiments positifs qui incitent une personne à se rapprocher d'une autre personne, à l'égard de laquelle elle éprouve de tels sentiments.

Le dynamisme affectif n'est jamais isolé des autres composantes — pas plus que le dynamisme érotique — dans une expérience d'aimer concrète. Le fait de l'isoler, cependant, facilite l'analyse. L'observation permet d'inférer que, à l'instar du dynamisme érotique, le dynamisme affectif a ses particularités. On peut le considérer comme un processus autonome ayant ses propres lois de développement et se manifestant selon un continuum d'intensité négative et positive. Dans les manifestations négatives de ce dynamisme, l'énergie organismique est transformée en expériences désagréables, en présence d'une autre personne: antipathie, malaise, répulsion, aversion, mépris, sont des termes qui servent à identifier de telles manifestations. Les manifestations positives sont identifiées par les termes: tendresse, chaleur, sympathie, affinités, estime, admiration, amitié, etc.

Lorsque le processus affectif est intégré dans une expérience d'aimer, vécue sous le signe de l'actualisation, il est intimement lié au processus érotique, et devient difficile à isoler. Tel n'est pas le cas, cependant, lorsque l'un des deux processus est objet d'inhibition ou de blocage. On connaît de nombreux cas de personnes pouvant donner libre cours à leur dynamisme affectif, tout en étant incapables d'y intégrer leur sexualité. C'est le thème exploité par plusieurs oeuvres littéraires qui présentent, par exemple, une femme pleine de tendresse et de chaleur dans sa relation de couple, mais incapable d'y intégrer sa sexualité, qu'elle satisfait par ailleurs dans des relations anonymes par le biais de la prostitution. De façon plus positive, les relations d'amitié et de tendresse à l'intérieur de la famille permettent d'observer l'émergence et l'évolution du dynamisme affectif alors que le dynamisme érotique passe au second plan de la relation. Les remarques déjà faites au sujet de la maturité érotique s'appliquent également au processus affectif: c'est l'émergence et la capacité d'éprouver les sentiments propres au dynamisme affectif qui témoignent d'une *maturité affective*, et non la capacité de contrôler son affection.

Le dynamisme de la liberté

L'utilisation du terme liberté en psychologie est toujours délicate. Ce terme prend des connotations très différentes lorsqu'on l'applique au rapport personne-environnement, à l'ouverture à l'expérience déjà décrite au chapitre quatrième, ou à la capacité qu'a une personne de faire des choix. Certains psychologues (5) considèrent même que le terme liberté devrait être banni de toute littérature scientifique. Le terme est utilisé ici dans le contexte de la psychologie perceptuelle pour désigner une expérience spécifique: celle d'une personne qui est consciente de faire un choix et qui assume la responsabilité du comportement qui découle de ce choix. La question des déterminismes inconscients et des conditionnements, qui peuvent être à l'origine d'un choix, reste ouverte. L'étude de ces déterminismes est confiée aux tenants du behaviorisme et de la psychanalyse. L'expérience de faire des choix est, par ailleurs, suffisamment présente dans le champ perceptuel de la plupart des personnes, pour qu'elle soit traitée comme telle. L'expression dynamisme de la liberté sert donc à désigner un processus de transformation énergétique autonome qui a, lui aussi, ses lois propres, ses blocages, ses particularités, et qui est considéré comme la troisième composante essentielle de l'expérience d'aimer.

Une particularité de ce processus est que l'énergie organismique elle-même est utilisée pour contrôler et canaliser l'énergie organismique (6). Le soi (tel que décrit au premier chapitre) est la structure du champ perceptuel qui permet un tel contrôle. L'expérience de soi, lorsqu'elle est symbolisée correctement, devient non plus «j'ai en moi de l'énergie» mais «je suis énergie». Lorsqu'elle se produit sous le signe de la liberté, elle pourrait se traduire de la façon suivante: «je suis une énergie qui se contrôle et se canalise». Le «je» devient le terme privilégié pour exprimer cette expérience de la liberté. J'ai conscience que je suis capable de dire je, que cela a un sens pour moi et que cela correspond à une expérience particulière en moi. Cette prise de conscience entraîne une expérience encore plus spécifique dont je prends conscience lorsque je «choisis». Telle est l'expérience de la liberté. La prise de conscience d'un tel processus n'exclut pas cependant le fait que j'ai conscience aussi de choisir plus ou moins librement.

Dans l'expérience d'aimer, ce dynamisme de la liberté apparaît comme central. Il est considéré, au même titre que les processus érotique et affectif, comme une composante essentielle de l'expérience d'aimer. On peut l'observer par la négative ou la positive: par la négative, lorsqu'il ne semble pas pouvoir se manifester, chez des personnes qui se sentent submergées par des «émotions incontrôlables» ou par des «instincts despotiques», ou encore chez les personnes qui ont le sentiment d'être contrôlées ou esclaves de leur environnement; par la positive, lorsqu'une personne choisit de poser tel geste qui est de nature à satisfaire des besoins d'ordre érotique ou affectif, ou lorsqu'elle choisit de se rapprocher ou de s'éloigner d'une autre personne.

L'exercice de la capacité de choix se fait, elle aussi, sur un continuum dont témoigne le sentiment d'être plus ou moins libre dans les choix que l'on fait. La capacité de choix peut encore s'exercer selon un mode défensif ou selon un mode d'actualisation. Dans le premier cas, elle présente un caractère de rigidité, de moralisme, ou même de dogmatisme (7), et l'aspect contrôle prend le dessus; dans le second cas, elle s'exerce avec souplesse, et consiste plutôt à orienter l'énergie déjà agissante dans les émotions, les pulsions et les sentiments qui sont accueillis dans le champ perceptuel. Le dynamisme de la liberté est différent des deux autres sous un aspect: il s'exerce souvent avec plus de lenteur et comme dans un second temps, alors que les deux autres ont un caractère plus spontané et plus primitif. Dans l'agir concret, la personne ouverte à son expérience est souvent sollicitée par des expériences multiples parfois contradictoires qui se neutralisent les unes les autres, jusqu'à ce que le choix se fasse. Par exemple je peux éprouver simultanément une antipathie à l'égard de quelqu'un et une certaine estime; situation qui appelle un choix. Que le choix soit d'agir en accord avec l'antipathie ou en accord avec l'estime, le processus du choix apparaît comme second et s'alimente des «ressentis» déjà présents dans le champ perceptuel. En raison de ce phénomène, l'exercice de la liberté peut être mieux compris si on explicite les structures du champ perceptuel, identifiées par les notions d'attitudes et de valeurs (8). Ces structures résultent en partie de choix antérieurs d'un individu ainsi que de l'influence de son environnement; et, en retour, elles contribuent à orienter les choix qu'il fait dans une situation concrète.

Compte tenu de l'influence des attitudes et des valeurs dans l'exercice concret du dynamisme de la liberté, l'expression «maturité éthique» est utilisée pour désigner la maturité propre à ce processus. Pour chacun, la maturité éthique consiste à faire des choix qui sont en accord avec ses valeurs — les siennes et non celles imposées par d'autres — valeurs qui se sont développées comme des moyens d'accélérer les processus du choix, dans une situation concrète. A l'inverse de cette maturité, celui qui agit contre ses valeurs témoigne d'un processus défensif: dans ce cas, ces valeurs ne sont pas encore bien assimilées, ou bien la capacité de se prendre en charge n'est pas suffisamment développée. Le contrôle des émotions et des impulsions appa raît donc comme un élément secondaire de ce processus qui consiste *d'abord* à canaliser l'énergie dans des comportements considérés — selon un processus d'évaluation organismique — comme les meilleurs moyens de promouvoir, ici et maintenant, l'actualisation de soi.

Intégration des trois composantes

L'intégration des trois processus identifiés comme les composantes essentielles de toute expérience d'aimer et d'être aimé peut se faire de nombreuses façons. La typologie qui suit présentera trois modes d'intégration particuliers; mais déjà, avant d'entreprendre l'explicitation de cette typologie, on peut retenir que l'intégration sera d'autant plus adéquate que chacun des trois dynamismes décrits plus haut aura atteint la maturité qui lui est propre. L'expérience d'aimer et d'être aimé sera comblante dans la mesure où une personne sera capable d'éprouver sereinement le plaisir sexuel, ou son contraire, l'affection ou son contraire, et dans la mesure où elle sera capable de choisir librement de se rapprocher ou non d'une autre personne. Le schéma de la figure 5 exprime cette réalité et résume l'ensemble des éléments qui constituent l'expérience d'aimer et d'être aimé.

LA RELATION CHALEUREUSE

L'expérience d'aimer et d'être aimé peut être analysée à l'intérieur du champ perceptuel d'une personne, bien qu'elle

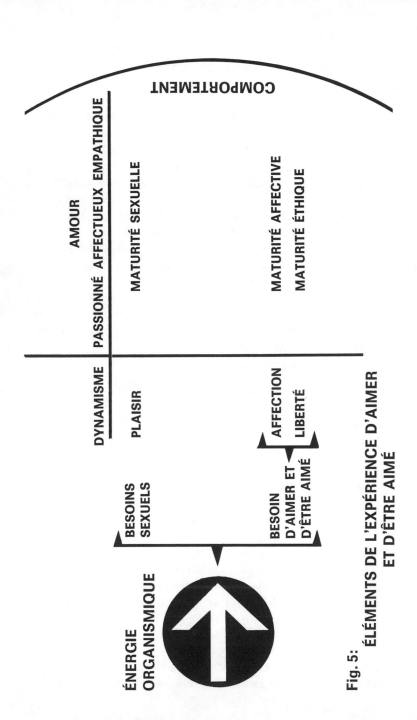

Fig. 5: ÉLÉMENTS DE L'EXPÉRIENCE D'AIMER ET D'ÊTRE AIMÉ

soit avant tout une expérience de relation interpersonnelle. Dans le modèle déjà décrit au chapitre précédent, les éléments A et B du schéma sont au premier plan alors que la cible (C) devient secondaire. On pourrait formuler cette réalité en disant que B est la cible de A et inversement que A est la cible de B: dans les deux cas, la personne de l'autre devient le centre d'intérêt des interlocuteurs. Le schéma de la figure 6 fait ressortir cette particularité: les traits pleins utilisés pour représenter les cercles concentriques A et B de même que les images A^B et B^A indiquent l'importance des deux personnes l'une pour l'autre.

Le terme «chaleureux» utilisé pour désigner ce type de relation n'est pas très spécifique, car il peut servir à qualifier des relations qui ne sont pas directement orientées vers la satisfaction du besoin d'aimer et d'être aimé. C'est un terme commode, cependant, car sa généralité permet d'englober différentes modalités de l'amour, celles qui seront décrites dans les lignes qui suivent. Dans le cadre du présent chapitre, le terme chaleureux prend donc un sens technique et, lorsqu'il est utilisé pour qualifier la relation interpersonnelle, il désigne toujours une relation qui naît entre une personne (A) et une autre (B), lorsque celle-ci (B) est perçue comme objet d'amour et comme source d'amour de la part de A. C'est la relation à l'intérieur de laquelle une personne cherche une satisfaction directe de son besoin d'aimer et d'être aimée. Toutes les descriptions qui suivent sont faites selon l'hypothèse de la réciprocité, c'est-à-dire en supposant que les deux personnes vivent toutes deux des sentiments semblables l'une à l'égard de l'autre; en supposant qu'elles s'aiment réciproquement. Tel n'est pas toujours le cas en pratique: je peux aimer quelqu'un qui ne m'aime pas ou qui ne se laisse pas aimer par moi, etc. L'hypothèse adoptée ici facilite et simplifie la description. Une fois que le modèle aura servi à présenter les caractéristiques de la relation chaleureuse, on pourra le laisser de côté et refaire dans chaque situation concrète une description plus nuancée.

La relation chaleureuse est en même temps celle qui

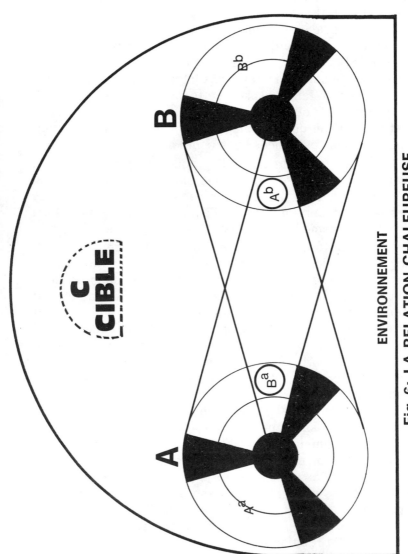

Fig. 6: LA RELATION CHALEUREUSE

produit et celle qui résulte d'une expérience personnelle d'aimer et d'être aimé. On a vu plus haut que cette expérience est complexe et qu'elle résulte d'une intégration de trois dynamismes particuliers. L'intégration de ces dynamismes peut se faire de plusieurs façons, chaque façon donnant lieu à une modalité de la relation chaleureuse. L'inventaire de ces modalités est impossible, surtout si on y inclut les situations où les différents dynamismes n'ont pas atteint leur maturité respective. On peut cependant observer certains modes d'intégration qui sont plus typiques et plus faciles à analyser. A titre d'illustration de la façon d'utiliser la grille proposée plus haut, trois modalités seront décrites. Avant d'aborder ces descriptions, rappelons les règles du jeu suivantes: nous supposons que A éprouve face à B un besoin d'aimer et d'être aimé, qu'il est dans un processus de croissance par rapport à cette zone de son champ perceptuel, qu'il a atteint une certaine maturité aux plans érotique, affectif et éthique, que B répond de façon adéquate aux attentes de A en se laissant aimer et en éprouvant lui aussi des sentiments qui correspondent à ceux de A. De plus nous supposons dans chacune des descriptions que l'intégration des composantes est la même chez A et chez B. Ces règles du jeu étant très particulières, il est peu probable que le lecteur puisse se reconnaître tout à fait dans l'une de ces trois descriptions; il pourra, cependant, y puiser les éléments lui permettant de décrire avec toutes les nuances voulues les relations dont il a lui-même l'expérience. Les trois modalités de l'amour qui servent à l'illustration sont identifiées par des termes dont la signification varie dans le langage populaire; il faudra donc y donner la signification qui est décrite ici et, au besoin, trouver de meilleurs termes si ceux-ci ne conviennent pas. Les trois modalités de l'amour seront identifiées comme: l'amour passionné, l'amour affectueux et l'amour empathique.

L'amour passionné

L'amour passionné est celui dont la composante érotique est dominante par rapport aux deux autres. Tout l'organisme est en état de tension vers B. Une somme considérable d'énergie organismique est mobilisée et canalisée vers B. Celui-ci est désiré au plan sexuel: il devient le catalyseur du dynamisme érotique de A et est perçu comme la seule source de plaisir vraiment adéquate. L'échange sexuel est particulièrement comblant et devient une tentative de fusion l'un dans l'autre. Le champ perceptuel pour sa part est littéralement «occupé» par l'image de $B(B^A)$: A trouve un sens particulier à la vie, il est stimulé dans tous ses processus perceptuels et recherche la compagnie de celui «qui le fait vivre» (selon l'expression populaire). Le comportement témoigne, lui aussi, de cette intensité non seulement dans l'échange sexuel où il peut atteindre une grande violence, mais dans la vie quotidienne où des centaines de gestes sont posés pour alimenter ou canaliser cette passion pour B.

Au plan affectif, les sentiments éprouvés face à B sont aussi marqués d'intensité; au point qu'un besoin d'exclusivité peut facilement structurer le champ perceptuel de A. Sans qu'il y ait nécessairement un sentiment de possession — sentiment qui serait plutôt l'indice d'un processus défensif basé sur la peur de perdre l'amour de B — A éprouve un sentiment spontané de jalousie ou d'infidélité si l'exclusivité est menacée par l'un ou l'autre des deux partenaires. L'amour passionné, en effet, ne peut être vécu simultanément avec plusieurs personnes, en raison même de son intensité et du caractère d'exclusivité qui en découle. L'image de B (B^A) devient un filtre perceptuel qui a tendance à surévaluer les caractéristiques positives (qualités) de la personne aimée et à minimiser jusqu'à considérer comme négligeables ses aspects négatifs (défauts). «C'est le plus beau, le plus fin, le plus adorable des hommes...», «c'est la femme la plus extraordinaire que la terre ait portée», etc. Tout en étant conscient du caractère non réaliste de sa perception, celui qui aime d'amour passionné s'accorde volontiers cette déformation agréable de la réalité, cette exagération amoureuse qui permet de créer une oasis dans la dure réalité des rapports sociaux.

Au niveau de la liberté, la personne qui aime d'amour passionné choisit de suivre le guide de la passion. Elle peut s'abandonner sans honte et sans culpabilité à ses sentiments positifs et aux désirs éprouvés à l'égard de B. Contrairement à la personne qui vivrait un tel amour de façon défensive, celle qui vit l'amour passionné selon un processus de croissance n'a pas le sentiment d'être dominée par sa passion mais bien de l'utiliser comme un moyen de s'actualiser. La maturité éthique, dans ce cas, consiste à choisir de s'abandonner à l'autre, de devenir transparent et vulnérable face à lui. Par ailleurs, la passion étant l'objet d'un choix, elle reste sous le contrôle du soi qui l'intègre dans l'ensemble du développement de la personne, différant parfois le plaisir de l'amour lorsque la réalité l'exige. S'il est vrai que c'est un «amour aveugle» selon l'expression populaire, chez la personne qui a atteint la maturité éthique, cet amour n'est jamais aveugle au point de compromettre l'ouverture à toute l'expérience, ainsi qu'une perception correcte de la réalité: la passion est circonscrite dans le temps et l'espace, et le mouvement d'abandon n'envahit pas le champ perceptuel au point d'inhiber tout ce qui pourrait en distraire. En ce sens, la passion reste objet d'un choix personnel, même si son origine est d'ordre impulsif et irrationnel.

A cause de l'importance du dynamisme érotique, l'amour passionné exige la présence physique de l'être aimé et un contact physique entre les partenaires. L'amour passionné ne peut se vivre à distance: dans cette éventualité il s'effriterait ou deviendrait source de frustration intolérable. Par ailleurs, un seul contact visuel et auditif ne suffit pas. Si des personnes impliquées dans un amour passionné peuvent être comblées temporairement par la simple vision de l'être aimé, par la musique agréable de la voix aimée, la nature de l'amour qu'ils vivent les conduit spontanément au contact physique et à l'échange sexuel. Les valeurs de chacun et le souci de se respecter mutuellement peuvent à l'occasion entraîner le choix de différer l'échange sexuel, mais celui-ci demeure l'aboutissement normal de tout amour passionné.

L'amour passionné est ordinairement vécu entre un homme et une femme qui aspirent en conséquence à constituer un couple; mais, il présente les mêmes caractéristiques lorsque le couple est impossible ou lorsqu'il est vécu entre deux personnes du même sexe, même si l'échange sexuel prend alors des formes différentes. La plupart des gens et bien des psychologues considèrent que la forme «normale» de l'amour passionné est l'hétérosexualité, mais quelles que soient les origines psychopathologiques de l'amour homosexuel, les processus semblent les mêmes que dans l'expérience hétérosexuelle (9).

Une dernière caractéristique de l'amour passionné est sa durée relativement courte. Il semble que l'amour passionné entre les deux mêmes personnes ne puisse durer au-delà d'un certain temps: quelques semaines parfois, quelques mois ou au plus quelques années. Tout se passe comme si l'intensité de cet amour reposait sur une déformation partielle de la réalité de l'autre, une certaine idéalisation du partenaire. Tôt ou tard, très tôt dans certains cas, la réalité reprend ses droits et le demi-dieu de la veille redevient une personne assez ordinaire qui n'éveille plus la passion. Deux possibilités s'offrent alors aux personnes qui vivent cette retombée amoureuse: se quitter et chercher à revivre cette intensité amoureuse dans de nouvelles amours, ou poursuivre entre elles la relation chaleureuse selon d'autres modalités, celles de l'amour affectueux ou celles de l'amour empathique.

L'amour affectueux

Le terme amour affectueux est utilisé pour désigner une seconde modalité de l'amour, celle où le dynamisme affectif est dominant par rapport aux deux autres composantes. L'expérience d'aimer dont il est question sous ce titre est caractéristique de l'amitié, mais elle ne se limite pas à l'expérience de l'amitié proprement dite; cette catégorie inclut par exemple les modalités de l'amour vécu dans une famille: amour paternel, fraternel, parental, etc.

Dans l'amour affectueux le dynamisme affectif devient le principal moteur de la relation. Il ne présente plus cependant le caractère d'exclusivité propre à l'amour passionné. L'affection est ressentie et manifestée à l'égard d'une personne, sans doute perçue comme différente de toutes les autres, mais contrairement à la situation précédente, les sentiments affectueux ne se concentrent pas sur un seul objet d'amour. Dans cette perspective les sentiments de jalousie ou d'infidélité sont absents de l'amour affectueux adulte; on n'y retrouve pas les manifestations défensives telles qu'elles apparaissent par exemple chez l'enfant jaloux de ses frères et soeurs par crainte de perdre l'affection des parents. C'est pourquoi la famille et toute commune de type fraternel favorisent et valorisent un partage affectif qui va à l'encontre de l'exclusivité.

L'amour affectueux peut, par ailleurs, prendre la forme d'une relation privilégiée, l'amitié au sens propre du terme, qui comporte une certaine forme d'exclusivité. Cette exclusivité n'a pas cependant le caractère restrictif qu'elle avait dans l'amour passionné; elle découle plutôt d'une longue expérience de communication entre deux personnes. A ce sujet l'emploi du terme amitié pour désigner la réalité de «l'amitié particulière» est tout à fait impropre. Toute amitié est sans doute particulière mais ici on veut désigner une amitié où apparaissent les caractéristiques de l'amour passionné, par exemple la recherche de l'intimité du couple, l'isolement social, le sentiment de jalousie et d'infidélité, etc. Dans l'amour affectueux la présence d'une compagnie n'est pas menaçante, même si elle est parfois indésirée. De façon générale, l'amour affectueux, contrairement à l'amour passionné, peut se vivre simultanément à l'égard de plusieurs personnes.

Paradoxalement, l'absence de sentiment d'exclusivité et le caractère gratuit de cette modalité de l'amour peuvent devenir le fondement de la fidélité. Contrairement à la relation d'amour passionné où la réalité est filtrée à travers une image (BA) idéalisée, dans l'amour affectueux l'affection ressentie entraîne la découverte de l'autre tel qu'il est.

Comme les partenaires de cette relation ne cherchent pas à protéger ou à créer une image embellie de l'autre, chacun peut avoir accès de plus en plus au monde subjectif de son interlocuteur et l'amour affectueux se développe sous le signe du partage. Partage parfois de biens matériels et des ressources de chacun, mais surtout partage de l'expérience personnelle et des sentiments ressentis l'un face à l'autre et face aux événements de la vie. Le partage est illimité parce que la matière à partager, le contenu vivant et dynamique du champ perceptuel, est illimitée. Par ailleurs, ce partage ne se fait pas sans heurts, sans tensions et sans de patients apprivoisements réciproques. La fidélité résulte d'une solidarité qui s'est créée à l'occasion du partage et qui devient sans prix pour deux personnes qui vivent cette modalité de l'amour. C'est de là sans doute que vient le proverbe suivant: «l'amitié est comme un bon vin, plus il vieillit, meilleur il est».

Pour qu'il y ait amour affectueux, il faut évidemment que le double mouvement du besoin d'aimer et d'être aimé puisse se manifester. Un amour passionné, en raison de sa violence, peut vaincre assez facilement la résistance du partenaire à se laisser aimer, mais dans l'amour affectueux où les manifestations affectives sont beaucoup plus discrètes et progressives, l'incapacité chez B de se laisser aimer peut devenir un obstacle majeur à la poursuite de la relation.

La dimension érotique reste présente dans l'amour affectueux et des manifestations sensibles nombreuses peuvent l'exprimer, allant d'une simple poignée de main chaleureuse, jusqu'aux caresses intimes et à l'échange sexuel, dans certains cas. Il ne faut pas, en effet, identifier vie de couple et amour passionné. S'il est vrai que l'amour passionné conduit spontanément à l'échange sexuel, à l'inverse, tout couple ne vit pas sa relation selon le modèle de l'amour passionné. Dans bien des couples, mariés ou non, c'est la sympathie et la tendresse éprouvées l'un pour l'autre qui ont présidé à la formation du couple. La relation chaleureuse y est alors vécue selon le mode de l'amour affectueux. Dans ce cas, l'échange sexuel est vécu de façon différente par les partenaires: il devient un moyen d'exprimer la tendresse et l'affection, et la recherche de fusion telle que décrite dans le cas de l'amour passionné n'apparaît pas ici primordiale.

Cette différence entre l'échange sexuel dans le contexte de l'amour passionné et dans celui de l'amour affectueux entraîne aussi une plus grande mobilité dans l'expression du dynamisme de la liberté. L'absence d'échange sexuel risque toujours de menacer sérieusement l'épanouissement d'un amour passionné, alors que dans l'amour affectueux l'échange sexuel est un moyen parmi d'autres de traduire la tendresse et l'affection. C'est pourquoi même si parfois le dynamisme érotique est éveillé spontanément dans l'amour affectueux — par exemple, dans la relation parentale — il peut être contrôlé et relégué au second plan, le cas échéant. Notons une fois de plus que le contrôle s'exerce ici au niveau du comportement et qu'il n'exclut pas l'émergence de désir incestueux ou de tout autre mouvement pulsionnel dans le champ perceptuel d'une personne qui vit un amour affectueux à l'égard d'un membre de sa famille. C'est le libre exercice de la capacité de choix, le dynamisme de la liberté, qui permet à la personne de réprimer les mouvements du dynamisme érotique tout en étant ouverte à son expérience. Dans l'amour affectueux, sous toutes ses formes, le dynamisme de la liberté agit en subordonnant le dynamisme érotique au dynamisme affectif. C'est le mouvement affectif — tendresse, chaleur, sympathie, à l'égard de l'autre — qui permet aux deux partenaires de disposer de leur dynamisme érotique en le subordonnant toujours aux exigences de l'amour affectueux.

L'amour empathique

Dans les deux modalités de l'amour passionné et de l'amour affectueux, les sentiments positifs et l'attrait physique facilitent la relation. Malgré toutes les contraintes et restrictions qu'ils peuvent rencontrer, c'est par un mouvement spontané que A et B se rapprochent l'un de l'autre. Une question se pose souvent: m'est-il possible d'aimer quelqu'un pour qui je n'éprouve aucun attrait d'ordre physique ou psychologique? Un grand nombre de personnes utilisent le terme amour pour désigner de telles relations. Plusieurs philosophies et plusieurs religions, par exemple, prônent un amour universel. A moins d'être tout à fait irréalistes, elles doivent donc considérer des possibilités d'amour là même où il n'y a pas d'attrait spontané de A à l'égard de B. Le terme «charité» est souvent utilisé pour désigner ce genre de relation. Le terme «amour empathique» sera utilisé pour mettre l'accent sur l'attitude psychologique qui peut effectivement permettre d'engager une relation qui répond d'une certaine façon au besoin d'aimer et d'être aimé de deux partenaires.

Dans l'amour empathique, c'est la troisième composante, le dynamisme de la liberté, qui, cette fois, est dominante. Cela signifie que le premier mouvement de A vers B ne résulte pas d'un attrait spontané mais d'un choix qui est fait en fonction des valeurs de A ou des circonstances particulières qui rapprochent les deux partenaires. Le moteur de la relation n'est plus la passion ou l'affection, mais *le choix* que A fait d'accueillir B ou de découvrir les particularités de son monde subjectif. La compréhension empathique, telle que décrite aux chapitres quatrième et cinquième, devient le moyen de réaliser concrètement cette modalité de l'amour.

Parfois, le choix d'accueillir ou de découvrir l'autre en ce qu'il a d'unique aura comme effet d'éveiller le dynamisme affectif et même le dynamisme érotique, chez A. Ces composantes viendront alors faciliter la relation qui peut d'ailleurs évoluer vers une relation d'amitié, voire même vers un amour passionné. Dans bien des cas, cependant, c'est l'inverse qui se produit: le rapprochement maintient, ou accentue même, l'émergence de sentiments négatifs. Les deux autres composantes de l'amour se manifestent ici dans la section négative du continuum. L'ouverture à son expérience permettra à A d'identifier face à B une répulsion physique ou une antipathie croissante, ou même les deux à la fois. L'intégration des trois composantes dans un amour empathique reste possible si, et seulement si, de telles manifestations sont reconnues et acceptées dans le champ perceptuel de A sans honte et sans culpabilité (authenticité).

Il faut en plus que le dynamisme de la liberté soit assez développé chez A, la maturité éthique étant atteinte, pour que celui-ci maintienne face à B les attitudes propres à une relation de croissance: authenticité, considération positive inconditionnelle et compréhension empathique.

Si A s'acharnait, par ailleurs, à maintenir une relation chaleureuse sans pouvoir respecter ces conditions et neutraliser efficacement les manifestations négatives des dynamismes érotiques et affectifs, nous serions en présence d'une caricature de l'amour. De telles caricatures apparaissent parfois dans la pratique artificielle et volontariste de la «charité». Un indice du caractère artificiel d'un amour pseudo-empathique nous est fourni par la personne qui devrait «bénéficier d'une telle relation». Si l'intégration respecte les trois composantes de l'amour chez A, B témoignerait probablement qu'il s'est senti aimé par A même si celui-ci n'éprouvait aucun attrait physique ni même aucune sympathie à l'égard de B. Dans le cas contraire, B témoignerait probablement qu'il s'est senti objet de pitié ou qu'il s'est senti protégé par A, peut-être de façon paternaliste ou condescendante. Dans ce dernier cas, on ne peut en aucune façon parler d'amour.

En résumé

Les trois modes d'intégration des composantes de l'amour décrits sous les titres «amour passionné», «amour affectueux» et «amour empathique» ont été proposés comme des exemples illustrant la façon d'utiliser la grille décrite dans la première partie du chapitre. Répétons qu'ils n'ont rien d'exhaustif et que chacune de ces modalités exigerait beaucoup de nuances si on voulait l'appliquer à l'analyse d'une relation concrète entre deux personnes. Pour faciliter cette utilisation de la grille et résumer les principaux éléments des descriptions précédentes, le schéma de

COMPORTEMENT

	AMOUR PASSIONNÉ	AMOUR AFFECTUEUX	AMOUR EMPATHIQUE
DYNAMISME ÉROTIQUE	Intensité des désirs sexuels.	Manifestations érotiques: moyens d'exprimer l'affection.	Neutralité érotique ou répulsion spontanée.
DYNAMISME AFFECTIF	Exclusivité affective: – jalousie; – sentiment d'infidélité.	Partage affectif progressif et non exclusif.	Neutralité affective ou antipathie spontanée.
DYNAMISME DE LA LIBERTÉ	Choix de s'abandonner aux dynamismes érotique et affectif.	Choix de subordonner les dynamismes érotique et affectif.	Authenticité. Considération positive et empathie.

ENERGIE ORGANISMIQUE

Fig. 7: LES ÉLÉMENTS DE LA RELATION CHALEUREUSE

la figure 7 dégage neuf caractéristiques de l'expérience d'aimer et d'être aimé, dans un tableau à deux entrées où apparaissent à gauche les composantes de l'expérience d'aimer et en haut les trois types d'intégration déjà décrits. Chacun des éléments du tableau peut apparaître dans le champ perceptuel d'une personne indépendamment de son intégration dans telle ou telle forme d'amour. Il est possible, par exemple, de retrouver dans l'histoire d'une relation, à différents moments, l'ensemble de ces neuf éléments. Par exemple, un amour passionné peut être vécu avec des moments occasionnels de répulsion face à l'être aimé; un désir érotique peut aussi émerger dans une relation empathique où la répulsion est la plus habituelle, etc. Ce qui caractérise l'intégration propre à chaque colonne du tableau, c'est la *fréquence* plus grande des expériences décrites sous les trois titres placés dans la partie supérieure du tableau. De plus la diagonale du tableau indique le dynamisme dominant dans chacune des trois modalités de l'amour qui ont été décrites plus haut : le dynamisme érotique dans l'amour passionné, le dynamisme affectif dans l'amour affectueux, et le dynamisme de la liberté dans l'amour empathique. Bien d'autres colonnes devraient être ajoutées à ce tableau pour rendre compte dans son ensemble de l'expérience d'aimer et d'être aimé. Seules les trois composantes qui correspondent aux trois lignes du tableau seront constantes et devraient apparaître dans toute description de la relation chaleureuse.

Chapitre VII

L'EXPÉRIENCE DE CRÉER ET LA RELATION CO-OPÉRATIVE

De tous les aspects du développement humain, l'expérience de créer ou de produire, est probablement celui qui est entré le plus tardivement dans le champ d'intérêt des psychologues. Les ouvrages qui traitent directement de cette réalité apparaissent dans les années 50 (1), mais ce n'est qu'à la décade suivante, et plutôt vers la fin des années 60 que l'on commence à dépasser les aspects techniques de la créativité pour en étudier le processus (2). Par ailleurs, l'intérêt croissant pour une psychologie de l'actualisation nous permet de prévoir pour les années à venir une abondante littérature sur le sujet.

Une autre caractéristique du processus créateur est qu'il déborde du champ de la psychologie. Dans un ouvrage récent, le premier peut-être à tenter une synthèse sur la créativité, Astruc souligne que sa tentative «l'a conduit à traiter de spécialités très diverses: la psychologie, la psychanalyse, la philosophie, l'épistémologie, l'anthropologie, la psychiatrie voire la linguistique, la sexologie, et la théologie du mysticisme» (3).

Le traitement de l'expérience de produire ou de créer s'avère donc plus complexe que celui qui a fait l'objet du chapitre précédent. Pour assurer l'unité du volume, la même structure est conservée et le chapitre se divise en deux parties: la première traite de l'expérience de créer ou de produire, la seconde traite de la relation co-opérative comme d'un moyen pouvant satisfaire le besoin fondamental de produire. Malheureusement, la première partie n'est pas au point. Plutôt que de la supprimer, l'auteur a choisi d'y reproduire, avec la permission des auteurs, quelques pages d'un texte inédit, récemment produit au département de psychologie de l'Université de Sherbrooke dans le cadre d'un dossier pédagogique sur la créativité. Les auteurs, un professeur et quatre étudiants, y formulent leur propre synthèse sur le sujet sous le titre «qu'est-ce qu'une personne créatrice?»

L'EXPÉRIENCE DE CRÉER (4)

Définition

Une personne créatrice est celle qui procède à la réorganisation d'une partie significative de l'environnement, pour l'ajuster à ses besoins et ses perceptions. Ce processus est appelé créateur dès l'instant où les arrangements formés sont nouveaux et satisfaisants pour la personne.

Processus de création

Un individu en activité créatrice traverse cinq étapes, quelle que soit l'aire d'activité dans laquelle il oeuvre (5).

Activité intellec-tuelle	Activité émotive	Activité sensori-motrice
Exemple: solution de problème	Exemple: psycho-thérapie, session d'«awareness» (6)	Exemple: appren-tissage d'un sport, expression corpo-relle, danse, arts plastiques
1. Désir	Désir	Désir
2. Préparation, manipulation	Exploration	Essais, tâtonne-ments
3. Incubation	Acceptation	Acceptation
4. «Insight»	Contact symboli-sation	Harmonie de l'action
5. Vérification	Expression	Maîtrise de l'activité

Bien qu'elle n'ait pas été trouvée telle quelle chez les auteurs consultés, il nous a semblé utile de faire la distinction idée-émotion-action car dans l'activité du psychologue ou de toute autre personne, les diverses situations posant problème mettent l'accent sur l'une ou l'autre de ces trois dimensions. Il suffit de se reporter à la «théorie du champ» de Kurt Lewin (7): chacune de nos minutes de vie comporte une teneur particulière qui ressort plus que les autres. Notre champ perceptuel est constamment en remaniement de ces diverses teneurs ou colorations qui caractérisent nos expériences de vie. Ainsi, même s'il peut intervenir des émotions dans l'étude d'un problème de chimie ainsi que dans un conflit familial, la première activité fait appel à plus d'éléments intellectuels et l'autre à plus d'éléments émotifs. Ce n'est qu'une question d'insistance. Pour chaque dimension, nous avons utilisé un vocabulaire plus approprié, ce qui n'empêche pas le processus de demeurer le même pour chacune des trois aires d'activité. Il est à remarquer que la documentation sur la créativité porte principalement sur l'activité intellectuelle. Par conséquent, nous sommes plus familiers avec le vocabulaire qui concerne cet aspect. Dans les deux autres secteurs, émotion et action, nous avons tenté une formulation qui mériterait d'être approfondie. Des auteurs comme Rogers et Gendlin pourraient aider dans l'élaboration du secteur émotif. A notre connaissance, l'activité sensori-motrice a été moins étudiée sous l'angle de la créativité, si ce n'est peut-être dans la section du développement chez l'enfant.

Reprenons maintenant chacune des cinq étapes du processus de création.

1. Une personne utilise ses ressources de façon créatrice lorsqu'elle est suffisamment motivée et qu'elle prévoit une satisfaction et un contentement en réorganisant son environnement.

2. La personne procède à un tour d'horizon et amasse toutes les données qui lui semblent pertinentes à la recherche de solutions.

3. Malgré ce déploiement d'idées, d'émotions ou d'actions auquel la personne procède, la solution souvent n'est pas immédiate et il est utile que l'individu laisse «mijoter» la situation, acceptant ainsi les limites de ses possibilités conscientes, et le malaise ou l'ambiguïté qui peuvent être vécus à cet instant.

4. La découverte de la solution peut se faire de façon plus ou moins soudaine (comme l'«Euréka» d'Archimède) ou à la suite d'un processus de solution de problème. Dans le cas de l'activité émotive, au lieu de solution on parle plutôt d'une identification et d'une formulation de l'émotion ressentie. Dans le cas de l'action, il s'agit d'une coordination, d'une harmonie des gestes.

5. Ce dernier stade est un examen et une évaluation de la nouvelle solution ou formulation mise à jour, ou encore la maîtrise de son corps dans la réalisation de l'activité sensori-motrice.

Une personne créatrice peut fonctionner sans utiliser consciemment ces stades; il n'y a pas non plus de durée déterminée pour l'accomplissement de ceux-ci. Une activité créatrice peut tout aussi bien trouver un dénouement immédiat, que s'échelonner sur plusieurs jours. Ceci prévaut surtout pour la phase d'incubation ou acceptation, qui précède l'«insight», car elle est de durée variable et peu prévisible.

Conditions d'existence de la créativité

Il y a plus de probabilité qu'une personne soit créatrice si elle possède certaines caractéristiques dont les plus importantes sont l'ouverture à son expérience, la fluidité, la flexibilité, la tolérance à l'ambiguïté, l'acceptation positive de soi et l'autonomie.

L'ouverture à son expérience signifie que la personne est réceptive aux stimulations de son environnement et à ce qui se passe en elle-même. Elle sait percevoir et ressentir, sans préjuger de son expérience et en évitant de censurer celle-ci ou de rejeter certains éléments qui, à première vue, pourraient sembler inutiles, insignifiants. Une telle personne accumule une grande quantité d'informations et devient curieuse d'en connaître davantage.

La fluidité pourrait être définie comme la contrepartie «active» à l'ouverture à son expérience, en ce sens que la personne réagit à ce qu'elle perçoit. La personne fluide produit un grand nombre d'idées, d'émotions et d'actions.

La flexibilité est la capacité de vivre des expériences dans des domaines différents, de rejeter l'habituel, le conventionnel pour favoriser la prise de conscience de la nouveauté dans les situations, ce qui permet une plus grande souplesse expérientielle.

La tolérance à l'ambiguïté est indispensable, car un processus créateur comporte souvent des accrocs et l'issue du processus ne peut être obtenue instantanément. Cette tolérance est requise pour pouvoir continuer à travailler avec ces éléments encore imprécis.

L'acceptation positive de soi-même est nécessaire, car pour mener à bien une tâche, il faut connaître suffisamment ses capacités et son potentiel créateur, et croire qu'ils sont à la mesure du travail à faire. Une fois le travail accompli, seule une personne confiante en elle-même le reconnaît comme sien et se l'approprie.

L'autonomie est rattachée à la caractéristique précédente et implique plusieurs particularités étroitement liées, soient: l'initiative personnelle, la capacité de prendre des risques et de résister aux pressions sociales pouvant surgir en cours de route; la capacité de se détacher d'une idée: une fois celle-ci émise, elle est évaluée pour son utilité propre et non en fonction de l'effort fourni, ou de la personne l'ayant proposée. La personne manquant d'autonomie tend à ajuster sa perception à l'environnement plutôt que d'agir conformément à celle-ci.

LA RELATION CO-OPÉRATIVE

Contrairement à l'expérience d'aimer et d'être aimé, décrite au chapitre précédent, l'expérience de produire et de créer n'exige pas pour être satisfaisante une relation interpersonnelle. Une personne peut produire dans sa relation avec l'environnement physique, sans la participation immédiate d'une autre personne. La relation dite co-opérative n'est donc pas un élément essentiel de l'expérience de produire ou de créer; elle est plutôt un moyen parmi d'autres de répondre au besoin fondamental de produire. Il semble, cependant, que ce soit un moyen de plus en plus privilégié car la complexité des tâches auxquelles l'être humain est confronté aujourd'hui exige souvent la participation de plusieurs personnes. La relation co-opérative est celle qui s'établit entre deux personnes lorsque l'une et l'autre s'allient pour répondre à leurs besoins respectifs de produire et de créer.

L'explicitation qui est faite ici de cette relation suppose que les deux personnes (A et B) sont animées du même besoin de produire et que les deux vivent cette relation à l'intérieur d'un processus de croissance, plutôt que sous la forme d'un processus défensif. La relation co-opérative est donc un moyen de s'actualiser. Elle fait appel chez les deux partenaires à un processus de transformation de leur énergie organismique, qui est en l'occurrence mobilisée par l'élément C du modèle général de la relation interpersonnelle présentée au chapitre cinquième. La figure 8 reprend ce modèle en soulignant cette fois les éléments que privilégie (traits pleins) la relation co-opérative.

Avant d'expliciter la relation co-opérative, il importe de bien la distinguer de la relation fonctionnelle décrite au chapitre cinquième. Dans ce dernier cas, on a vu que la relation n'est pas vraiment interpersonnelle, car l'interlocuteur de A n'est qu'un instrument dans la satisfaction des besoins de ce dernier. Dans la relation co-opérative, les deux personnes sont impliquées et chacune des deux perçoit l'autre comme un collaborateur, une aide utile, sinon indispensable, pour atteindre la cible visée. Déjà, cette description permet de comprendre pourquoi tant de relations de travail sont insatisfaisantes. Combien de personnes, en effet, ne peuvent collaborer avec d'autres personnes dans l'accomplissement d'une tâche, parce qu'incapables de leur faire confiance ou d'accréditer d'autres perceptions que les leurs; les autres sont parfois utilisés, dans une relation fonctionnelle, mais ils demeurent des exécutants de second ordre, des instruments, ou des manoeuvres qui ne participent pas au processus créateur. La distinction permettrait, en particulier, d'analyser les phénomènes de consultation et de participation, qui très souvent n'ont que les apparences de la relation co-opérative. Pour qu'il y ait vraiment co-opération, deux conditions semblent essentielles: elles seront décrites sous les titres suivants: la compétence et la priorité de la cible.

La compétence

La caractéristique la plus fondamentale d'une relation co-opérative est la *compétence* des partenaires par rapport à la cible visée. Pour qu'une relation interpersonnelle soit créatrice et se fasse sous le signe de la co-opération, les deux personnes A et B doivent se percevoir elles-mêmes comme compétentes et percevoir l'autre membre de la relation comme compétent. La compétence dont il est ici ques-

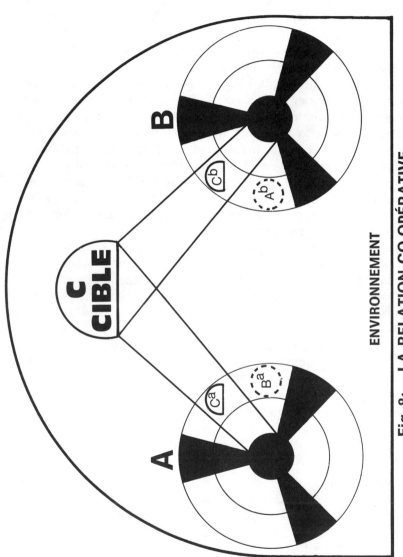

Fig. 8:   LA RELATION CO-OPÉRATIVE

tion peut comporter plusieurs degrés selon la nouveauté de la familiarité de la cible pour la personne. La compétence, au sens formel est «une connaissance approfondie, reconnue, qui confère le droit de juger ou de décider en certaines matières» (8). Il est utile cependant de distinguer la compétence de l'expert, qui est reconnu par ses semblables comme ayant une telle connaissance approfondie, et la compétence d'un débutant, qui a tout juste les connaissances suffisantes pour bien cerner la cible qu'il vise.

Dans l'optique de la psychologie perceptuelle, il est important de préciser que le critère de compétence dont il est question est d'ordre subjectif. Pour qu'il y ait relation co-opérative, il faut que A se perçoive comme compétent (A^A), qu'il perçoive B comme compétent (B^A), que B lui-même se perçoive comme compétent (B^B), et enfin que B perçoive A comme compétent (A^B). La relation sera satisfaisante dans la mesure où les deux interlocuteurs seront, et se percevront, comme compétents; mais la relation peut être co-opérative même si les perceptions sont erronées et si la poursuite de la cible fait ressortir éventuellement un manque de compétence de l'un ou de l'autre des partenaires. Par ailleurs, il n'est pas nécessaire, pour qu'il y ait relation co-opérative, que la compétence soit totale. Je peux me sentir très partiellement compétent si je suis professeur ou étudiant, membre du comité du programme dans un département universitaire, lorsque la cible est définie comme le choix d'inclure ou non tel cours à l'intérieur du programme de formation. Dans la mesure où je crois avoir un minimum d'expérience sur le sujet, je peux m'engager dans une relation co-opérative avec chaque membre de ce comité à qui j'attribue une compétence semblable. C'est donc cette perception d'une compétence partielle qui fait l'intérêt de la relation co-opérative. Dans le cas où ma compétence serait totale je m'attaquerais probablement seul à la cible en question.

Il n'est pas requis par ailleurs dans une relation co-opérative que la compétence de B soit considérée comme essentielle, pour atteindre la cible de façon satisfaisante.

Dans bien des cas, la poursuite d'une cible, individuellement ou en co-opération, est l'objet d'un choix et plusieurs facteurs peuvent influencer un tel choix. Je peux me percevoir compétent face à un problème que je dois résoudre et être persuadé de ma capacité d'arriver à une solution adéquate, mais choisir quand même d'entrer dans une relation co-opérative pour augmenter la probabilité d'une meilleure solution. Dans un autre cas, je pourrais percevoir un profit à établir une relation co-opérative avec un collègue pour résoudre tel problème, mais choisir de ne pas le faire par manque de temps ou parce que je n'accorde pas assez d'importance à cette cible. Ces choix sont quotidiens dans tout milieu de travail et l'examen des compétences respectives des personnes mobilisées en fonction de chaque cible serait certes de nature à améliorer les relations de travail.

Priorité de la cible

Une deuxième caractéristique de la relation co-opérative est la priorité de la cible sur les autres éléments de la relation interpersonnelle. Même si souvent une relation co-opérative peut comporter des éléments d'un autre type de relation, par exemple de la relation chaleureuse, l'attention des partenaires y reste centrée sur la cible. Les éléments apportés par chacun des interlocuteurs sont mis en commun; peu importe qui en est l'auteur, c'est le résultat qui compte. Le terme co-opération s'oppose ici à la compétition — ou à la rivalité — où l'un des deux partenaires cherche plus à briller et à l'emporter sur l'autre qu'à donner priorité à la cible. De même lorsque les deux interlocuteurs critiquent, de part et d'autre, leurs gestes ou leurs idées dans la poursuite de la cible, la discussion est objectivée et aucun des deux ne se sent rejeté ou amoindri si sa contribution s'avère inefficace. Lorsque cette relation s'établit à l'intérieur d'un groupe de tâche on reconnaît volontiers que les idées appartiennent au groupe: une idée est retenue non parce qu'un tel serait froissé de voir son idée rejetée, mais parce qu'elle s'avère efficace en fonction de la cible.

Il ne faut cependant pas conclure que les éléments de

compétition, de jalousie, de valorisation personnelle, etc. seront automatiquement exclus de la relation. Très souvent, ils peuvent émerger dans le champ perceptuel des partenaires, mais lorsque cela se produit, chacun a souci de mettre entre parenthèses ses réactions personnelles, et de les subordonner à la poursuite de la cible. C'est une première façon d'accorder priorité à la cible. Cette priorité de la cible permet souvent à une personne d'entrer en relation avec d'autres personnes avec qui elle a peu d'affinités, voire même en présence desquelles elle éprouve de l'antipathie. L'intérêt pour la cible mobilise l'énergie organismique qui, au lieu de se traduire en émotions désagréables, se transforme en créativité, car les ressources de l'autre sont perçues comme suffisamment utiles pour que les éléments antipathiques passent au second plan. Combien de personnes se sont rapprochées l'une de l'autre à l'occasion d'une tâche commune, alors que tout semblait les opposer. Cette priorité de la cible apparaît aussi dans une relation où les partenaires sont sympathiques l'un à l'autre. La mise entre parenthèses porte cette fois sur les sentiments positifs; on diffère à plus tard, par exemple, le partage de nombreux sentiments chaleureux ou autres qui surgissent dans la poursuite de la cible.

Une autre façon d'accorder la priorité à la cible, dans une relation co-opérative, est de bien définir les rôles qu'adopte chacun des partenaires. La notion de rôle est utilisée en psychologie pour désigner des ensembles de comportements qui découlent d'une situation particulière (9). Une personne peut, de par sa fonction, ou de par la situation où elle se trouve, adopter des comportements qui sont exigés d'elle en raison même de cette fonction ou de cette situation. Tel ouvrier syndiqué peut être amené à se prononcer par un vote sur un problème qui le concerne peu en tant que personne. Il peut toujours s'abstenir de se prononcer, mais déjà c'est une façon de prendre position; en ce sens, la cible lui est imposée de par le rôle qu'il joue dans la société. Il en est de même pour tout citoyen dans une démocratie lors d'une élection générale. Dans la relation interpersonnelle, le même phénomène peut se produire. Si un adolescent demande à son père de co-opérer sur un projet de vacances, la cible en question mobilise l'attention du père en vertu même de son rôle de père. Là encore, elle lui est imposée au point qu'il prend position même s'il refuse de discuter avec son garçon du projet mis de l'avant.

La notion de rôle peut aider également à la mise entre parenthèses des éléments de l'expérience qui ne concernent pas la cible recherchée. Par exemple, dans une entreprise familiale, la discussion d'un problème de gestion n'est certes pas facilitée lorsque le père et le fils divergent d'opinion dans la façon de concevoir la marche de leur entreprise. Si le fils est incapable de dissocier son rôle de fils de celui de gérant de la compagnie que dirige son père, il sera incapable de se centrer sur une cible, de façon co-opérative, et de mettre entre parenthèses les sentiments variés qu'il peut éprouver en s'opposant à son père. S'il parvient, par ailleurs, à bien identifier les différents rôles qu'il peut adopter face à son père, il réussira peut-être à s'engager alternativement dans des relations co-opératives et chaleureuses avec son père, sans que ce soit au détriment de la cible, ou à celui de leur relation globale.

De façon générale, on peut faciliter les relations co-opératives en s'exerçant à identifier les rôles possibles et en évitant de les confondre. C'est là une discipline difficile à acquérir dans certaines circonstances, mais les personnes qui y parviennent réussissent à maintenir les conditions de la co-opération dans des situations très complexes et très délicates. Ces personnes peuvent, en effet, donner priorité à la cible qui fait l'objet de la relation, sans se laisser distraire par des considérations d'intérêt personnel ou par leurs émotions.

La clarification des rôles permettrait encore d'assainir, dans bien des cas, les relations d'autorité. Une personne qui, de par sa position, exerce une certaine autorité sur des subalternes, a toujours une autorité limitée par une cible particulière. Si elle n'est pas consciente des limites de son rôle, elle peut facilement être incapable de relations co-

opératives et adopter, par exemple, des attitudes paterna-
listes ou autocratiques. Supposons qu'une organisation
exige d'une secrétaire qu'elle soit ponctuelle. Le patron qui,
devant un manque de ponctualité, veut entreprendre une
relation co-opérative avec sa secrétaire, s'efforcera de bien
formuler le problème pour qu'il y ait effectivement une cible
commune. Sans y mettre une émotivité exagérée, il exercera
son rôle de patron en explicitant quelles sont à son avis
les conséquences, pour l'entreprise ou le service qu'il
dirige, des retards répétés. (On suppose qu'il y a de tels
inconvénients sans quoi il ne devrait pas y avoir problème).
Il agit ainsi dans la ligne de la compétence qui lui est propre.
La compétence de la secrétaire, consiste à évaluer si elle est
en mesure de remplir le rôle qui lui est ainsi défini. Adve-
nant une incapacité concrète pour celle-ci d'être ponctuelle,
il est possible qu'une relation, entreprise sous le signe de la
co-opération prenne la forme d'une négociation. Chacun des
deux interlocuteurs se limitant à exercer la compétence qui
lui est propre, et se limitant à son rôle, les deux arriveront
à une solution qui devrait être satisfaisante pour les deux.
Notons que la perception de la compétence est ici indispensable comme dans tous les cas de relation co-opérative. Si
l'un ou l'autre ne reconnaît pas la compétence de son interlocuteur par rapport à la cible, la relation co-opérative devient
impossible. Elle sera tout au plus fonctionnelle, le patron
exerçant une autorité sans participation ou la secrétaire
essayant d'utiliser le patron pour répondre uniquement à
des besoins personnels.

Illustration

Les exemples qui précèdent soulignent combien les éléments recueillis pour décrire la relation co-opérative sont
partiels. Ce n'est qu'un point de départ. Les études sur la
co-opération sont à ce jour très élémentaires; il faudrait, en
particulier, un inventaire beaucoup plus large des facteurs
qui influencent cette relation pour en dégager toutes les
particularités: facteurs organisationnels, facteurs socio-culturels, facteurs psychologiques, facteurs psychopathologiques,

etc. Les limites du présent ouvrage, qui se veut une introduction à l'étude de la personne et des relations interpersonnelles, ne permettent pas de poursuivre un tel inventaire.

En guise de conclusion, un scénario fictif permettra d'illustrer les choix qu'une personne peut faire dans l'évolution d'une relation qui deviendra tantôt fonctionnelle et tantôt co-opérative. Cette illustration aura un double avantage: elle servira, d'une part, à illustrer la méthode qui permet au psychologue perceptuel de poursuivre l'étude de la relation co-opérative; elle aidera, d'autre part, le lecteur à mieux saisir la distinction, parfois subtile, entre la relation fonctionnelle et la relation co-opérative.

Jo Blo s'est acheté une maison et il a décidé d'y installer des fenêtres d'aluminium. En consultant l'annuaire téléphonique, il prend contact avec un fournisseur. Le représentant de la compagnie «Belles fenêtres Inc.» se présente et une relation s'amorce entre Jo Blo (A) et Monsieur Aluminium, représentant de Belles fenêtres Inc. (B). La cible: la signature et l'exécution d'un contrat entre Belles fenêtres Inc. et Jo Blo. Après quelques amabilités d'usage, la relation s'établit sous le signe de la co-opération. Chacun se perçoit comme compétent face à la cible: Jo Blo pour évaluer les sommes dont il peut disposer et le genre de services qu'il désire, Monsieur Aluminium pour présenter un produit qui devrait répondre aux exigences de Jo Blo. Il en résulte après quelque temps un contrat de l'ordre de $2,000.00. Un point s'est avéré difficile à résoudre: Jo Blo voulait inscrire sur le contrat une clause d'annulation advenant un délai excessif dans l'exécution du contrat. Monsieur Aluminium promettrait effectivement que le tout serait installé dans les six semaines qui suivraient la signature du contrat. En fin de négociation, Monsieur Aluminium gagna son point ayant expliqué que telle n'était pas la politique de la compagnie pour telle et telle raisons. Il ajoutait néanmoins qu'il n'avait aucune inquiétude, car le délai de six semaines était amplement suffisant pour qu'on réponde à la demande de son client.

Six semaines plus tard, Jo Blo est sans nouvelles de ses

fenêtres et il entre en communication avec Monsieur Aluminium. Cette fois, il commence à douter de la compétence, voire de l'intégrité de son interlocuteur. Il reste cependant centré sur la cible qui cette fois est la réalisation du contrat et refréne l'agressivité qui naît en lui, la mettant entre parenthèses. Il accepte un nouveau délai d'une semaine, l'explication du retard lui étant parue plausible: une panne prolongée à l'usine de production. Une semaine plus tard, Jo Blo apprend que ses fenêtres sont bien rendues chez le fournisseur local mais que le délai s'explique par un manque de planification de la part de Monsieur Aluminium. On ne peut installer les fenêtres de Jo Blo parce que d'autres clients, qui attendaient depuis plus longtemps encore, font pression sur Belles fenêtres Inc., qui choisit de différer l'exécution du contrat avec Jo Blo. Dès lors la relation coopérative est rompue. Jo Blo, convaincu de s'être fait rouler, ne pense plus qu'à obtenir satisfaction de ses besoins sans se préoccuper désormais de la personne de Monsieur Aluminium; la relation est devenue strictement fonctionnelle. Ayant dit sa façon de penser à son fournisseur qu'il considère désormais comme incompétent, il entreprend lui aussi des manoeuvres de pression sur la compagnie, faisant jouer des influences, utilisant des menaces voire même le chantage. De l'interlocuteur qu'il était, Monsieur Aluminium est devenu un chaînon qu'il faut manipuler correctement pour déclencher la chaîne de production. Une semaine plus tard, les fenêtres de Jo Blo sont effectivement installées.

L'histoire est fictive, du moins en partie, mais n'est-elle pas le reflet fidèle d'un grand nombre de relations de type commercial. La conclusion de Jo Blo est qu'il s'est fait jouer par Monsieur Aluminium. Dès le point de départ, celui-ci simulait une relation co-opérative pour obtenir un contrat; en réalité, les règles du jeu adoptées par celui-ci étaient celles d'une relation fonctionnelle où Jo Blo était un bailleur de fonds intéressant mais non un collaborateur avec qui on met cartes sur table, en vue de mieux atteindre la cible proposée. Aurait-il pu en être autrement? Est-ce qu'une attitude co-opérative de la part de Monsieur Aluminium aurait

entraîné une perte du contrat; surtout dans le contexte so-
cio-économique où des compétiteurs de Belles fenêtres Inc.
auraient sans doute promis un délai non réaliste? Autant
de questions sans réponse qui montrent la difficulté d'une
relation co-opérative dans la vie quotidienne. Selon des
postulats de la psychologie perceptuelle, la relation co-opérative, grâce aux liens de solidarité qu'elle crée entre le
vendeur et son client, devrait s'avérer plus efficace ... en
soi. Mais qu'en est-il dans une société qui n'adopte pas de
tels postulats? Voilà où le psychologue doit reconnaître les
limites pratiques de ses théories, à moins qu'il ne choisisse de devenir l'agent de changement qui essaiera de
rendre son environnement plus propice à l'actualisation de
la personne.

Chapitre VIII

L'EXPÉRIENCE DE COMPRENDRE ET
LA RELATION HEURISTIQUE

Le troisième besoin fondamental d'ordre psychologique a été identifié, dans les chapitres antérieurs, comme un besoin de comprendre. Le mot comprendre réfère d'abord à la connaissance, comme on l'a vu, connaissance de soi et connaissance de son environnement. Le processus de la connaissance a fait l'objet d'études très poussées en psychologie. Une des tâches de la psychologie contemporaine consiste précisément à élaborer des théories de la connaissance ainsi qu'une psychologie de l'intelligence humaine. Piaget est l'un des théoriciens de la connaissance qui a tellement accentué cet aspect de la personne humaine que ses études ont pris la forme d'une véritable théorie de la personnalité (1). Plusieurs autres théories de la personnalité sont placées sous l'étiquette des «théories cognitives» parce que la personne humaine y est considérée avant tout sous l'angle de ses processus cognitifs (2).

Dans le courant actuel de la psychologie existentielle on a vu également que des auteurs relient le phénomène de la connaissance à une dimension plus large, celle de la motivation. Victor Frankl considère que la motivation centrale de l'être humain est une recherche de signification (meaning). Sa théorie de la personne et de la psychothérapie, la logothérapie, est axée sur cette recherche de signification (3).

Une description satisfaisante de l'expérience de comprendre exigerait une présentation détaillée de la psychologie de la connaissance, d'une part, et de la psychologie existentielle, d'autre part, mais cette tâche déborde le cadre du présent ouvrage. En conséquence, dans une première partie, quelques éléments seulement seront retenus pour cerner dans ses grandes lignes ce qu'on pourrait appeler la symbolisation de l'expérience humaine, une façon de considérer l'expérience de comprendre selon l'optique de la psychologie perceptuelle. Une question guidera cette démarche: à quels signes peut-on reconnaître que l'énergie organismique d'une personne est mobilisée, à l'intérieur de son champ perceptuel, dans un processus susceptible de satisfaire le besoin de comprendre de cette personne? Dans la seconde partie, le modèle de la relation interpersonnelle déjà présenté sera utilisé pour décrire les caractéristiques de la relation où A entre en interaction avec B dans le but de répondre à son besoin de comprendre. Le terme heuristique, utilisé pour désigner cette relation, signifie: «qui favorise la découverte».

L'EXPÉRIENCE DE COMPRENDRE

De tous les auteurs qui ont abordé l'étude du processus de symbolisation de l'expérience, dans l'optique de la psychologie perceptuelle, Eugene Gendlin est celui qui fournit les données les plus complètes. La théorie de Gendlin a été publiée d'abord dans un volume dont le titre explicite bien l'angle sous lequel ce processus est abordé: *«experiencing and the creation of meaning»*. Plusieurs fois, au cours du chapitre précédent, le terme expérience a été utilisé pour désigner les manifestations de l'énergie organismique à l'intérieur du champ perceptuel. Gendlin pour sa part préfère le terme *experiencing*; c'est une façon de mettre l'accent sur les processus plutôt que sur les contenus de la personne humaine. La théorie de Gendlin ne sera pas présentée comme telle (4) mais elle servira de cadre général pour expliciter quatre étapes du processus par lequel une personne satisfait son besoin de comprendre. La remarque déjà faite au sujet des écrits de Carl Rogers s'applique ici: il est possible que le point de vue particulier adopté dans le présent chapitre ne rende pas justice aux théories de l'auteur qui les inspire; le lecteur qui s'intéresse aux théories de Gendlin devra se reporter directement aux textes originaux. Le processus de l'experiencing, par exemple, tel que décrit par Gendlin n'est pas propre à la satisfaction du seul besoin de comprendre. Il s'applique à la symbolisation de toute expérience humaine, alors qu'il est utilisé ici sous l'angle précis de la satisfaction du besoin de comprendre. Dans cette optique, le processus de comprendre sera analysé suivant quatre étapes, qui peuvent être vécues quasi simultanément, mais qui s'enchaînent logiquement dans l'ordre où elles seront présentées. Ce sont: la perception d'un stimulus heuristique, l'éveil psychologique, la focalisation et l'expression.

Le stimulus heuristique

L'explication des besoins fondamentaux a permis d'établir qu'il y a en chaque personne une prédisposition innée — le besoin de comprendre — à organiser les perceptions qu'elle a de soi et de son environnement en un tout cohérent. C'est dire que la personne humaine qui s'actualise est porteuse de questions, et qu'elle est spontanément stimulée par tout ce qui se passe en elle et dans son environnement. La notion de stimulus heuristique est utilisée pour désigner tout événement, interne ou externe à la personne, qui est susceptible d'éveiller et de satisfaire le besoin de comprendre. Tout ce qui entre dans le champ perceptuel peut devenir un tel stimulus mais le terme heuristique, «qui

145

sert à la découverte», attire l'attention sur le fait que l'énergie organismique est mobilisée d'une façon particulière par cet événement, et entraîne un processus particulier: le processus heuristique.

La perception d'un stimulus heuristique est donc à l'origine de l'expérience de comprendre. Cela signifie que, dans mon interaction avec l'environnement ou avec moi-même, un événement m'interroge à tel moment précis. Par exemple, si je m'intéresse à la psychologie et si je vois par hasard un nouveau livre de psychologie, mon attention est captée par ce livre qui devient un stimulus heuristique. Dans un autre domaine, si je vis un malaise lorsque je rencontre un étranger, cette expérience de malaise peut émerger dans mon champ perceptuel à la façon d'un stimulus heuristique qui servira peut-être à la découverte de ce qui produit en moi ce malaise. On peut généraliser en disant que tout ce qu'une personne perçoit comme une source de connaissance ou de signification est pour elle un stimulus heuristique. Il en est ainsi de ce qui apparaît comme «nouveau»: objet, façon de faire, façon de penser, valeur, etc. Selon l'expression de Festinger (5) tout ce qui crée dans le champ perceptuel une dissonance cognitive, devient spontanément un stimulus heuristique pour la personne qui vit ce phénomène. Le stimulus heuristique est donc une perception qui a cette caractéristique de susciter un mouvement dans le champ perceptuel, mouvement que les autres étapes permettront de mieux cerner.

L'éveil psychologique

Il ne suffit pas qu'il y ait perception d'un stimulus heuristique pour que l'expérience de comprendre se poursuive. Devant les milliers de stimuli qui atteignent mon champ perceptuel, je dois choisir. Je peux choisir de répondre à tel besoin plutôt qu'à tel autre, je peux différer l'expérience de comprendre et choisir, pour toutes sortes de raisons, conscientes et inconscientes, de ne pas donner suite à la perception du stimulus heuristique. Pour qu'il y ait expérience de comprendre, il faut aussi un éveil particulier à l'intérieur du champ perceptuel. L'éveil se produit lorsque je choisis de maintenir mon attention sur le stimulus heuristique et d'y réagir. D'une certaine façon, l'éveil est déjà fait lorsqu'il y a perception. Des études psychophysiologiques ont montré que la perception est possible dans la mesure où le cortex cérébral est déjà en état d'alerte pour recevoir les sensations produites par un objet (6). L'éveil dont il est question ici est plus spécifique cependant: c'est l'éveil du besoin de comprendre. Dans le prolongement de la perception du stimulus heuristique, un lien s'établit entre un événement et une préoccupation de la personne. Cette préoccupation peut être plus ou moins centrale et les circonstances peuvent être plus ou moins favorables pour y donner suite, mais, lorsque le besoin de comprendre est suffisamment éveillé, je peux me concentrer sur le stimulus heuristique, favoriser l'émergence en moi de questions ou de réactions de toutes sortes, et donner libre cours à la satisfaction de ce besoin.

En présence du volume qui «pique ma curiosité», je peux percevoir un stimulus heuristique, acheter le volume et en différer la lecture, parce que d'autres tâches plus importantes mobilisent présentement mon énergie. Dans ce cas, je ne laisse pas l'éveil se produire; le processus est interrompu. Par ailleurs, lorsqu'enfin je me serai libéré des autres préoccupations et aurai créé les conditions favorables, je pourrai m'adonner à la lecture de ce volume. L'éveil s'étant alors produit, les autres processus du champ perceptuel sont momentanément inhibés. Le besoin de comprendre mobilise l'énergie organismique et le processus heuristique se produit.

L'éveil, deuxième étape du processus de comprendre, est un élément d'un processus circulaire et il a comme effet de maintenir ou d'accentuer même la perception du stimulus heuristique, celui-ci entraînant un éveil plus poussé. Les perceptions deviennent ainsi de plus en plus sélectives et l'attention se concentre sur les seuls éléments du champ perceptuel qui facilitent l'expérience de comprendre. Les autres éléments sont mis entre parenthèses ou inhibés temporairement. Des psychologues ont analysé cette sélection perceptive à la façon d'un phénomène figure-fond: sur le fond de plusieurs milliers de perceptions qui constituent le champ perceptuel, des éléments se regroupent et constituent la figure, objet de l'attention de la personne (7). L'éveil est une étape indispensable pour qu'il y ait une compréhension réelle. Sans cet éveil, toute activité de connaissance est pratiquement sans effet à long terme. On n'a qu'à penser aux résultats à long terme de la mémorisation dite «par coeur», où l'éveil heuristique est pratiquement nul. C'est pourquoi, les éducateurs en particulier en soulignent de plus en plus l'importance (8).

La focalisation

Une fois que l'éveil s'est produit et dans la mesure où les conditions favorables sont établies, le processus se poursuit à travers une troisième étape, celle de la focalisation. Lorsque je cherche à comprendre, je ne peux satisfaire ce besoin par une simple mémorisation ou vocabulaire ou par des idées qui me viennent des autres personnes. Ces éléments sont autant de stimuli heuristiques mais il y a vraiment compréhension, lorsque, l'éveil s'étant produit, je porte attention à l'expérience suscitée en moi par le stimulus heuristique. Si je cherche à comprendre ce qu'est la personne humaine, je peux lire le présent volume et le trouver plus ou moins stimulant. Il ne peut m'aider à comprendre vraiment ce qu'est la personne tant que je ne retourne pas à l'expérience que suscite en moi cette lecture. L'étape de la focalisation est celle qui permet de comprendre par l'intérieur, une réalité quelconque. Elle consiste à demeurer attentif à un mouvement que produit en moi le contact avec le stimulus heuristique. La symbolisation de cette expérience se fait progressivement lorsque je me mets à l'écoute de ce qui surgit en moi. La source principale de la connaissance n'est pas à l'extérieur de la personne mais en elle: c'est l'énergie organismique de cette personne qui est mobilisée grâce au stimulus heuristique et qui se transforme en expérience. Cette expérience, au début très globale ou très diffuse, se déploie progressivement à travers les structures déjà constituées dans le champ perceptuel de la personne. L'expérience devient image, concept, idée, opinion. Elle se prête alors à l'analyse intellectuelle et peut être emmagasinée dans la mémoire. La symbolisation peut se faire selon plusieurs modalités. Gendlin (9) distingue plusieurs niveaux, dont le premier est la «référence directe». Je peux, lorsqu'il y a stimulation heuristique et éveil, rester attentif à une zone de mon champ perceptuel où «quelque chose est en train d'émerger». Sans pouvoir identifier de façon plus précise ce quelque chose, je reste attentif, délibérément concentré sur cette zone: là où ça se produit, sans même savoir ce que cela est. Partant de cette référence directe, la focalisation peut alors se poursuivre: l'expérience se déploie progressivement et atteint le niveau de symbolisation le plus poussé lorsqu'elle est traduite en concept. Il est difficile de détailler davantage l'analyse de ce processus dans le contexte actuel, mais retenons l'idée principale que la connaissance n'est pas une importation de données intellectuelles empruntées à un volume ou à une personne, mais bien une production originale qui se fait en réaction à des stimuli heuristiques.

A cette troisième étape du processus, l'aspect circulaire déjà décrit à l'étape antérieure se manifeste également: plus la focalisation permet à l'expérience de se déployer, plus l'éveil s'intensifie et plus la personne se concentre sur le stimulus heuristique. Celui-ci maintient et accentue l'éveil qui permet une focalisation de plus en plus poussée, dont le résultat est une symbolisation de plus en plus adéquate de l'expérience.

Pour que l'éveil et la focalisation se produisent, plusieurs conditions semblent nécessaires. Rappelons une remarque faite au chapitre de la motivation, à savoir que si des besoins physiologiques ne sont pas satisfaits, l'éveil du besoin de comprendre est compromis. Il est évident, par exemple, qu'une personne affamée ou privée de sommeil depuis 24 heures pourrait difficilement poursuivre un processus heuristique. La seule «figure» qui pourrait émerger dans un tel champ perceptuel serait celle de la faim ou du sommeil. De façon générale, le processus heuristique apparaît fragile; pour se manifester et se poursuivre de façon adéquate, il suppose beaucoup de tranquillité et de paix intérieure. Les éléments du processus défensif, tels que décrits au chapitre quatrième, le rendent quasi impossible. L'anxiété, la tension, la fatigue, des réactions émotives de toutes sortes peuvent le paralyser. C'est pourquoi la personne qui ne parvient pas à se percevoir elle-même adéquatement, pour cause de tension psychologique, peut avoir besoin d'une relation d'aide, celle-ci ayant pour but de lui apporter des conditions favorables à la poursuite d'un processus heuristique.

L'expression

Selon la formule classique de Boileau: «ce qui se conçoit bien s'énonce clairement et les mots pour le dire viennent aisément». Chacun de nous peut aussi constater que l'expression est souvent le test de la compréhension. Je crois avoir bien compris quelque chose mais au moment de l'exprimer, de le communiquer, je me rends compte que j'en suis incapable, ou que plusieurs liens me manquent pour saisir adéquatement la réalité dont je parle. L'expression est l'étape finale du processus de compréhension et elle peut prendre plusieurs formes. Elle peut être artistique: l'artiste qui cherche à s'exprimer sur une toile ou dans une sculpture vit souvent un processus heuristique, dont son oeuvre représente la quatrième étape. Cette expression n'a pas la précision du concept, mais elle a l'avantage de respecter toute la richesse expérientielle de l'artiste; richesse que le concept trahit toujours plus ou moins. L'expression peut aussi prendre la forme d'une action: telle action d'un financier traduira très bien ce qu'il a compris de l'évolution économique de son pays, même si cette expression n'a pas la précision conceptuelle de l'analyse faite par un économiste qui interprète ce geste. Quelle qu'en soit la modalité, l'expression représente donc l'aboutissement normal du processus de la compréhension. Elle constitue à l'intérieur d'un processus circulaire un test de réalité qui peut activer à nouveau toutes les étapes antérieures du processus. L'expression objective qui traduit l'expérience d'une personne face à un stimulus initial devient, par exemple, un nouveau stimulus heuristique qui entraîne à son tour les autres étapes du processus.

En résumé

Il est possible de représenter les quatre étapes du processus heuristique qui viennent d'être décrites dans un schéma qui montre comment l'énergie organismique se transforme progressivement à travers ces quatre étapes. La figure 9 résume cette première partie du chapitre.

LA RELATION HEURISTIQUE

Il y a plusieurs façons de satisfaire son besoin de comprendre. La relation interpersonnelle en est une. De ce point de vue, la remarque déjà faite au chapitre précédent concernant le caractère relatif de la relation interpersonnelle pour répondre au besoin de produire s'applique à nouveau à la relation heuristique. Celle-ci est un moyen parmi d'autres de satisfaire le besoin de comprendre. Dans les deux types de relations décrites aux chapitres cinquième et sixième le centre d'intérêt de A était toujours à l'extérieur de lui-même: la cible dans la relation co-opérative, la personne de B dans la relation chaleureuse. Dans la relation heuristique, le centre d'intérêt se situe à l'intérieur du champ perceptuel de la personne qui établit cette relation. La représentation schématique de la relation heuristique, dans la figure 10, montre bien que l'accent est mis sur ce qui se passe dans la subjectivité des deux interlocuteurs. La relation peut s'établir à l'occasion d'une cible extérieure, par exemple, un champ du savoir, un sujet de discussion, mais la véritable cible est la perception de cette réalité extérieure qui n'est que le stimulus du processus heuristique. C'est pourquoi les traits qui vont vers la cible ne dépassent pas les limites du champ perceptuel dans le graphique de la figure 10.

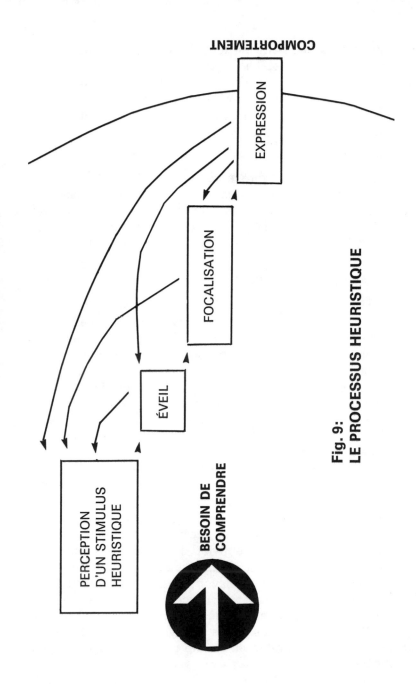

Fig. 9:
LE PROCESSUS HEURISTIQUE

Dans la relation heuristique, B est perçu par A comme un allié qui facilite chez lui un processus de compréhension. Cet allié peut remplir plusieurs fonctions: il peut être source de stimuli heuristiques, contribuer à maintenir l'éveil chez A, faciliter l'étape de la focalisation, et être l'interlocuteur qui permet à A de s'exprimer librement. Ces fonctions seront présentées à l'intérieur de deux rôles spécifiques que B peut jouer à l'égard de A dans une relation heuristique. Si les deux personnes A et B vivent simultanément une relation heuristique, elles peuvent exercer tour à tour ces fonctions l'une par rapport à l'autre. Pour alléger la description cependant, les deux rôles seront décrits en supposant que la relation est à sens unique et que toute l'attention des deux interlocuteurs est centrée sur le processus heuristique de l'un des deux, A en l'occurence.

Le rôle d'expert

Déjà la description, au chapitre précédent, de la relation co-opérative a permis d'introduire la notion de rôle. Dans la relation co-opérative, une des conditions était la perception réciproque des compétences de A et de B, par rapport à une cible. Dans le cas de la relation heuristique, la cible extérieure n'est qu'un catalyseur du processus heuristique: B peut être perçu comme ayant la compétence d'un expert qui dispose d'informations utiles à A, lorsqu'il cherche à comprendre quelque chose. C'est ainsi que A peut entrer en relation avec B. Mais celui-ci ne peut transmettre ses informations d'après la formule des vases communicants, selon laquelle A pourrait simplement mémoriser les informations qu'il reçoit. En effet, selon les modalités même du processus décrit plus haut, l'expert est utile à la compréhension dans la mesure où ses informations sont reçues à la façon de stimuli heuristiques. Jamais de telles informations ne peuvent dispenser A du cheminement laborieux de l'éveil et de la focalisation. Dans la mesure où l'expert est conscient de ce phénomène, il apportera ces informations selon un rythme que seul A peut déterminer.

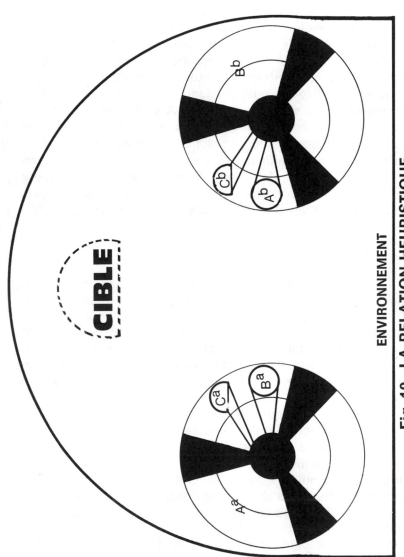

CIBLE

ENVIRONNEMENT

Fig. 10 LA RELATION HEURISTIQUE

Si l'expert ne respecte pas ce rythme (au besoin il peut aider son interlocuteur à déterminer ce rythme), les informations inhibent le processus heuristique au lieu de le favoriser. Les stimulations heuristiques, au lieu d'entraîner un éveil du besoin de comprendre, ont alors un effet de découragement et le besoin est inhibé temporairement. Si l'expert de son côté n'est pas attentif au processus de compréhension de celui qui met à profit son expertise, la relation peut facilement devenir fonctionnelle: B se sert de A pour étaler sa science ou pour exercer un pouvoir sur son interlocuteur.

La façon de définir l'expert comme une source de stimuli heuristiques a beaucoup de conséquences, dans un contexte d'éducation, par exemple. Selon que les conditions favorables sont établies ou non, l'environnement pédagogique peut faciliter ou inhiber l'expérience de comprendre chez l'étudiant. C'est pourquoi de nombreux chercheurs dans le domaine de l'éducation essaient de reviser les façons traditionnelles de transmettre l'information scientifique. Pour qu'il y ait processus heuristique chez l'étudiant, il faut que celui-ci puisse prendre en charge le processus d'apprentissage et y intégrer, selon son rythme propre, les stimulations heuristiques que le professeur est chargé de lui communiquer. De là le néologisme de «s'éduquant» créé récemment au Québec par un groupe de chercheurs (10), pour remplacer le terme étudiant, qui risque de véhiculer une image de passivité dans un système traditionnel d'éducation. Le «s'éduquant» est celui qui vit une relation heuristique avec les personnes de son entourage, celles-ci étant chargées de lui fournir les stimuli heuristiques adéquats. Le rôle même du professeur est redéfini dans ce contexte: il n'est plus seulement l'expert qui sait des choses; on exige aussi qu'il soit un expert au plan du processus. Mais ce deuxième rôle est celui du facilitateur, qui est la deuxième façon pour B de poursuivre la relation heuristique que A veut établir avec lui.

Le rôle de facilitateur

L'expert est celui dont la compétence découle des connaissances ou des informations dont il dispose; à ce titre on l'a vu, il est une source privilégiée de stimuli heuristiques. Le facilitateur est un type particulier d'expert: c'est celui qui intervient non plus au niveau d'un contenu heuristique mais au niveau du processus même de la compréhension. C'est celui qui facilitera chez A, par ses attitudes, l'éveil, la focalisation et l'expression.

A la seconde étape du processus heuristique, B peut activer l'éveil de son interlocuteur par une présentation attrayante et significative de l'information pertinente à la recherche de A. Il peut susciter la curiosité de A, cette curiosité étant une des manifestations du besoin de comprendre. Même s'il n'est pas celui qui dispose personnellement de l'information dont A a besoin, il peut encore par ses attitudes aider celui-ci à clarifier ses motivations puis à se procurer les informations dont il a besoin.

Au niveau de la focalisation et grâce aux attitudes d'authenticité, de considération positive inconditionnelle et de compréhension empathique, telles que décrites au chapitre quatrième, B peut activer le processus de symbolisation. Il peut, par exemple, aider son interlocuteur à rester disponible à ce qui se passe en lui, à valoriser la référence directe décrite plus haut, et à suivre les mouvements de son champ perceptuel. Si le processus de symbolisation s'accompagne d'anxiété, il peut par sa seule présence apporter à son interlocuteur la sécurité dont il a besoin pour y faire face.

Au niveau de l'expression, le facilitateur peut réagir au comportement de A, lui signaler, le cas échéant, les difficultés qu'il a à comprendre ses messages; ou à l'inverse lui manifester l'agrément qu'il ressent face à une expression adéquate et cohérente. Le simple fait de tenir le rôle de récepteur facilite aussi l'étape de l'expression: A peut alors risquer une verbalisation de ce qu'il vit, même s'il en est encore à un niveau très insatisfaisant de symbolisation.

Des études nombreuses ont été faites, en psychologie appliquée, sur les conditions favorables à une relation d'aide; elles peuvent servir à mieux comprendre le rôle de facilitateur décrit ici. On les trouvera sous les titres *counseling,* «psychothérapie» ou «relation d'aide» (11).

La discussion

L'explication des rôles d'expert et de facilitateur réfère le plus souvent à des situations où B a une compétence professionnelle particulière: professeur, conseiller, spécialiste, etc. Il ne faut pas, cependant, réduire à ces exemples la relation heuristique. Celle-ci peut s'établir dans la vie quotidienne entre deux personnes qui n'exercent aucun rôle professionnel l'une par rapport à l'autre. Dans la plupart des discussions qui n'ont pas de cible précise, mais qui surgissent au hasard des rencontres, on peut retrouver les éléments de la relation heuristique. L'étude des relations heuristiques de la vie quotidienne permet même de relativiser les attitudes spécifiques de la relation d'aide. Dans la discussion, par exemple, il n'est pas toujours opportun d'adopter systématiquement une attitude de compréhension empathique à l'égard d'un interlocuteur. Souvent lorsque A s'engage dans une discussion avec un ami, ou un collègue, son premier souci n'est pas de saisir le champ perceptuel de l'autre. Il peut même choisir de réagir à son interlocuteur sans même prendre le temps de vérifier s'il a compris adéquatement la pensée de celui-ci. L'opinion de l'autre, bien perçue ou non, lui sert de catalyseur et lui permet de clarifier sa propre pensée. Il peut même, dans certains cas, se faire «l'avocat du diable» et contredire systématiquement la pensée de l'autre, même si, en d'autres circonstances, il se rallierait spontanément à l'opinion qu'il conteste. Une discussion ne peut être évaluée uniquement à partir des critères d'une relation empathique et chaleureuse. Très souvent, les partenaires d'une discussion, voire d'une engueulade, peuvent progresser dans leurs processus heuristiques respectifs précisément parce qu'ils restent centrés sur leurs champs perceptuels respectifs. Les règles du jeu sont alors établies de telle sorte que chacun se charge de se faire comprendre par l'autre, sans compter sur une compréhension empathique à priori. Etablir l'empathie maximale comme norme d'une bonne relation interpersonnelle serait non seulement abusif mais risquerait de discréditer des formes de relation interpersonnelle très fécondes sur le plan heuristique. La relation heuristique, pour sa part, s'accommode très bien d'une empathie minimale et bien des «engueulades» ont conduit des interlocuteurs à une symbolisation et à une expression plus adéquates de leur expérience. Qui ne peut se rappeler telle discussion stimulante, à la suite de laquelle il aurait été bien en peine de reformuler adéquatement la pensée de son interlocuteur, mais dont il serait sorti plus cohérent dans sa propre opinion? Si les règles du jeu sont claires et si les interlocuteurs se respectent, une bonne discussion à empathie minimale peut prendre forme pour n'être d'ailleurs qu'un moment d'une relation cordiale et chaleureuse. Cela suppose que les deux interlocuteurs gardent un minimum de sécurité face au sujet traité, et face à leur interlocuteur, sans quoi les éléments défensifs prendraient le dessus et paralyseraient le processus heuristique.

La solitude

Le dernier exemple d'une discussion non empathique permet d'introduire une dernière caractéristique de la relation heuristique: le sentiment de solitude qui en découle. Que ce soit dans une relation professionnelle où un expert-facilitateur m'aide à développer un processus de compréhension, ou que ce soit dans une discussion où j'essaie de faire valoir mon point de vue, le résultat est ordinairement un sentiment plus grand de solitude. Le schéma de la figure 10 permet de bien saisir ce qui entraîne cette conséquence. Comme l'objet du processus heuristique ne dépasse pas les frontières du champ perceptuel, chacun des interlocuteurs se retrouve avec lui-même. Il devient sans doute plus conscient de son caractère unique, mais aussi de tout ce qui le sépare des autres et de son environnement. La solitude est alors le prix de l'individualité et de la prise en charge de soi-même. Elle passera parfois inaperçue, si la relation heuristique n'est qu'un moment de la relation chaleureuse où A et B redeviennent l'un pour l'autre des cibles affectives; mais lorsque la relation heuristique se termine brusquement, chacun éprouve le plus souvent cette sensation de solitude.

Chapitre IX

LE CHANGEMENT

Au cours des chapitres précédents le champ perceptuel a été décrit comme un ensemble de processus conscients de transformation de l'énergie organismique. L'énergie se manifeste, en particulier, à travers les besoins fondamentaux et se transforme en expériences personnelles et interpersonnelles: expérience de la santé et du bien-être physique; expérience d'aimer et d'être aimé; expérience de produire et de co-opérer; expérience de comprendre et d'acquérir des connaissances. Toutes ces expériences sont possibles dans la mesure où des conditions favorables guident l'interaction de la personne avec son environnement.

Il ne faudrait pas retenir, cependant, des chapitres précédents que l'individu s'actualise selon un processus où toutes ses expériences s'enchaînent harmonieusement l'une à l'autre. La personne se développe plutôt par essais et erreurs: elle s'adapte aux différentes circonstances, développe des structures provisoires qu'elle abandonne ensuite pour en développer de nouvelles, et ainsi de suite. L'actualisation de soi peut donc être considérée comme un phénomène de changement continuel. Le chapitre neuvième permettra de suivre le processus de croissance de la personne sous cet aspect du changement (1). Dans une première partie, nous verrons que le champ perceptuel d'une personne se structure progressivement dans l'interaction de cette personne avec son environnement. Dans une seconde partie, le changement sera présenté comme une remise en question des structures antérieures.

LA STRUCTURATION DU CHAMP PERCEPTUEL

Les chapitres précédents ont déjà fourni quelques exemples de structuration du champ perceptuel. On a vu au chapitre premier que le soi est une structure du champ perceptuel qui unifie les perceptions que la personne a d'elle-même. On a vu également au chapitre troisième que les besoins fondamentaux entraînent une structure motivationnelle, celle des besoins structurants qui guident le comportement de la personne.

Il semble que l'interaction de l'énergie organismique et des stimuli de l'environnement, tels que perçus, ait pour effet de développer des structures variées à l'intérieur du champ perceptuel. Ces structures donnent à une personne son tempérament, son caractère et ses particularités. La personnalité d'un individu peut être considérée comme la résultante de l'ensemble des structures qui se développent à l'intérieur du champ perceptuel sous l'action combinée de l'énergie organismique et des stimuli de l'environnement. On peut se représenter une structure du champ perceptuel un peu à la façon d'une armature qui permet de recueillir l'énergie physique et d'en disposer. On peut la comparer à la turbine qui permet de disposer de l'énergie hydraulique et de transformer la force naturelle de l'eau en énergie électrique. On peut penser aussi au pipeline qui, à la suite d'un forage, dirige le pétrole brut vers les raffineries qui vont le transformer en combustible. L'énergie organismique est à l'image des forces vives de la nature; elle est d'ailleurs le résultat d'une transformation d'énergie première, puisée à même l'environnement physique — dans les aliments, par exemple. Elle agit dans la personne à la façon d'une énergie globale qui donne vie à l'organisme. Une partie de cette énergie est utilisée par l'organisme pour se structurer lui-même. La personne ainsi structurée peut ensuite canaliser son énergie et en tirer le maximum de rendement.

On parle souvent des structures de la personnalité pour identifier des obstacles à l'actualisation: on parle, par exemple, de personnes tellement structurées que toutes expériences nouvelles leur sont impossibles; on parle également de personnes structurées de telle sorte que leur comportement est entièrement déterminé et parfaitement prédictible. C'est le cas du comportement névrotique qui est une réponse stéréotypée à une situation donnée. Il ne faudrait pas confondre cependant structure et utilisation défensive de cette structure. Chez la personne qui vit un processus de croissance, les différentes structures demeurent malléables et sont en constante évolution. Elles n'en sont pas moins indispensables, cependant, pour que l'énergie organismique soit transformée efficacement en comportement qui favorise le développement de la personne. A l'inverse, l'absence de structure est aussi un empêchement majeur à l'actualisation: elle conduit aux désorganisations psychotiques de toutes sortes. On peut donc conclure que les structures qui s'élaborent à l'intérieur de la personne sont des éléments indispensables à l'actualisation de soi.

On a déjà vu que la conscience qu'un individu a de lui-même, l'ensemble des perceptions qu'il a de lui, se structure progressivement dans une image de soi, représentée par le cercle intermédiaire de la figure 1, au chapitre premier. Grâce à cette structure, toutes les expériences vécues par une personne peuvent être reliées l'une à l'autre et permettre l'acquisition progressive d'une identité personnelle. Sans cette structure de base la personne n'existerait pas, l'individu serait incapable de dire «je» de façon significative.

On peut mentionner aussi les structures qui naissent à travers les processus inconscients représentés également dans la figure 1. Les réflexes de l'organisme et les habitudes de toutes sortes sont autant de structures qui permettent de canaliser l'énergie organismique sans que le champ de la conscience soit toujours mobilisé par les gestes de la vie quotidienne (2). Les habitudes acquises permettent en fait une économie de l'énergie; libérée grâce à ces structures, cette énergie permet alors à la personne de faire face à des situations inédites, de s'engager dans de nouvelles tâches, et de satisfaire de nouveaux besoins qui émergent dans le champ perceptuel.

L'équilibre particulier qui se fait entre les besoins fondamentaux, structurants et situationnels constitue, dans un autre domaine, ce qu'on pourrait appeler la structure motivationnelle de la personne. Cette structure permet, elle aussi, une meilleure utilisation de l'énergie organismique, comme on l'a vu au cours du chapitre troisième.

Les attitudes sont encore des exemples de structures du champ perceptuel. Elles prédisposent la personne à une action sur l'environnement selon des patterns d'action déjà expérimentés par elle-même, ou par d'autres, qui les lui ont transmis à travers la culture: ces structures représentent autant de moyens efficaces de disposer de son énergie organismique. L'attitude d'accueil face à toute personne, peut être une structure du champ perceptuel qui permet de mobiliser rapidement l'énergie organismique pour élaborer une relation satisfaisante avec les personnes que l'on rencontre (3).

Les connaissances, qui constituent le patrimoine scientifique accumulé depuis que l'homme existe, peuvent aussi augmenter les chances d'actualisation d'une personne, en lui permettant de développer des structures cognitives. Celles-ci permettent de mobiliser l'énergie organismique et de la symboliser de façon plus adéquate, selon le processus heuristique décrit au chapitre huitième. Les théories de toutes sortes, les conceptions de l'univers, de la personne, de la société, sont autant de structures cognitives qui donnent accès à des domaines de plus en plus vastes de la réalité: réalité de la matière, de l'espace, du passé, des phénomènes humains et sociaux, etc.

Les valeurs sont aussi des structures du champ perceptuel qui permettent à une personne de s'inspirer de critères extérieurs à elle-même pour développer en elle une grille d'évaluation de ses comportements. Les valeurs ont été traitées de bien des points de vue en psychologic. La psychanalyse a traité des valeurs introjectées qui constituent le surmoi, structure inconsciente de l'organisme qui censure l'énergie organismique. Des études plus récentes s'intéressent aux valeurs dans une perspective de croissance et d'actualisation ((4).

Les exemples qui précèdent n'épuisent sans doute pas l'inventaire des structures de la personne, mais ils permettent de dégager un mode de fonctionnement de l'organisme humain. Quel que soit l'angle sous lequel on aborde le champ perceptuel, on y retrouve toujours trois éléments de base: les manifestations premières de l'énergie organismique dans l'expérience que vit la personne, le jeu des facteurs de l'environnement qui influencent le développement de la personne, et la synthèse de ces deux sources d'influence dans des structures particulières: structures inconscientes, structure du soi, structure motivationnelle, structures d'action (attitudes et valeurs), structures cognitives, etc. Ceci nous permet de cerner, en particulier, le phénomène de l'apprentissage. Dans le développement de la personne, s'il est vrai que le comportement est fonction des perceptions que l'on a de soi et de l'environnement, on peut conclure que tout apprentissage est le développement d'une structure quelconque dans le champ perceptuel d'une personne; structure qui, une fois acquise, facilite l'interaction avec l'environnement. Cette acquisition de structure, on l'a déjà vu, ne se fait pas de façon linéaire, cependant, et pour comprendre davantage l'apprentissage il faut le considérer en termes de changement (5).

LE CHANGEMENT

Le schème utilisé pour comprendre le phénomène du changement personnel est une extension du modèle que Kurt Lewin a mis au point pour expliquer un changement particulier: celui des attitudes. Il explicite trois phases du changement: le dégel, le mouvement et le regel (6).

Le dégel

La première phase du changement se produit lorsqu'une structure antérieure, déjà acquise, s'avère insuffisante pour rendre compte des perceptions que l'on a de la réalité. Prenons quelques exemples pour illustrer comment se produit le dégel.

Le premier exemple sera celui d'un dégel au niveau d'une structure cognitive. Pensons à l'enfant qui est à l'âge du «pourquoi»: il questionne à propos de tout et cherche implicitement à développer en lui des structures cognitives. Il va se satisfaire rapidement d'une explication sommaire, qui n'en est pas une le plus souvent, mais qui permet de rendre compte de son expérience. Cette chanson pour enfants en rend bien compte: « maman les petits bateaux qui vont sur l'eau ont-ils des jambes? Mais oui mon petit garçon, s'ils n'en avaient pas ils n'avanceraient pas». L'enfant peut symboliser son expérience du bateau qui flotte en imaginant qu'il a de grandes jambes. Il ne tardera pas cependant à devenir insatisfait de cette explication sommaire: à mesure que son expérience de la nature se précise il devient incapable de maintenir une structure cognitive aussi simpliste. Dans la mesure où il est ouvert à son expérience, la structure cognitive s'ébranle et éclate. De la même façon que le vêtement qu'il avait l'année précédente ne peut plus l'habiller, l'explication antérieure est périmée et un dégel se produit.

L'exemple choisi est simpliste et il permet de saisir que le dégel peut se faire parfois de façon quasi imperceptible, dans la mesure où la structure antérieure était relativement récente et sans conséquence grave pour la personne. Tel n'est pas toujours le cas cependant. Pensons au dégel produit par Copernik et Galilée lorsqu'ils ont remis en question la cosmologie de leur temps, affirmant que la terre n'était pas au centre de l'univers, selon la croyance commune, mais qu'elle tournait autour du soleil. Le dégel a été lent à se produire. L'anxiété reliée à cette nouvelle conception était telle que l'on a rejetée comme aberrante, et même contraire à la parole de Dieu inscrite dans la Bible, une théorie aussi révolutionnaire. On a même incarcéré le promoteur d'une théorie aussi «folle». C'est là un exemple classique de résistance au changement: plusieurs facteurs, l'insécurité en particulier, retardent le dégel, en l'occurrence l'abandon d'une structure cognitive antérieure (7). Mais comme le besoin de comprendre est toujours à l'oeuvre, le temps jouera en faveur des perceptions plus adéquates de la réalité: la vérité progressera et le dégel se produira un jour.

D'autres formes de dégel peuvent apparaître lorsque les événements empêchent la satisfaction d'un besoin structurant. Cette fois, c'est la structure motivationnelle qui subit un dégel. Telle personne satisfait son besoin de produire à travers un besoin structurant d'enseigner, acquis à travers dix ans d'expérience dans l'enseignement, lorsqu'elle doit interrompre subitement cet enseignement pour des raisons extérieures à elle-même. Telle autre personne se voit frustrée dans un besoin structurant de vie à deux par un veuvage prématuré. La structure acquise peut résister à ces obstacles et entraîner d'autres modalités de satisfaction, mais souvent les événements entraînent une expérience de dégel qui est d'autant plus troublante que la structure affectée était satisfaisante et bien établie.

Les recherches sur le changement d'attitudes abondent en exemples de dégels (8). Il en est ainsi de l'observation quotidienne des changements qu'entraîne l'évolution rapide de la société actuelle. L'ouvrage célèbre de Toffler, Le Choc du Futur (9) illustre bien le rythme accéléré du changement que nous connaissons et que nous connaîtrons de plus en plus. En fait, le thème du changement devient une préoccupation majeure de plusieurs chercheurs contemporains, car les dégels se produisent aujourd'hui pratiquement dans tous les domaines à un rythme qui bouleverse des milliers de personnes. Autrefois le changement se produisait à la façon d'une vague lente et douce qui laissait à chacun le temps de s'apprivoiser à la nouveauté. Aujourd'hui il se produit plutôt à la façon d'une vague courte et haute qui risque de balayer toutes les structures établies à l'intérieur de la personne. C'est le cas, en particulier, dans le domaine des valeurs. Les techniques de diffusion sont tellement perfectionnées aujourd'hui que, par la télévision, les journaux et la radio, chacun est confronté à des valeurs de plus en plus variées et souvent contradictoires. Dans la plupart des domaines de la vie contemporaine, l'uniformité d'autrefois est morte au profit de la diversité. S'actualiser dans le monde d'aujourd'hui, c'est donc faire face à des dégels constants, c'est apprendre à vivre en état de changement.

Le mouvement

Lorsqu'un dégel se produit, il entraîne une période de mouvement qui est une phase de transition. Elle se caractérise par un malaise, un sentiment de dépaysement plus ou moins grand, parfois par un sentiment de recul et par de l'anxiété . . . Ces sentiments naissent du fait que l'énergie organismique est momentanément hors contrôle, et que la personne a perdu une partie des structures qui lui permettaient de faire face aux influences multiples de son environnement sans être envahie par lui.

Ce mouvement est typique par exemple de la période d'adolescence, où l'énergie organismique bouillonne avec tellement de force dans le champ perceptuel de l'adolescent, que les structures antérieures éclatent, remettant en question la structure fondamentale du soi. L'adolescent qui vit une crise d'identité (10) ne se perçoit plus tout à fait comme un enfant mais pas encore comme un adulte. Le mouvement qui se produit à l'intérieur de lui se manifeste par les nombreuses contradictions de son comportement. Un phénomène semblable se produit chez les personnes qui vivent un dégel de leur image d'eux-mêmes au cours d'un processus thérapeutique (11).

De tels mouvements peuvent être vécus à la suite du dégel de toute structure du champ perceptuel. L'enfant qui doit abandonner son explication du «bateau qui marche avec des jambes» vivra une phase de mouvement plus ou moins longue et plus ou moins laborieuse avant de découvrir le principe d'Archimède qui répondra à son besoin d'expliquer la flottabilité d'un corps plus pesant que l'eau. Dans le domaine des valeurs, c'est encore un mouvement semblable que traduisent des expressions comme: «je ne sais plus que penser»; «je ne sais plus ce qui est bien et ce qui est mal», etc.

De façon générale, on peut représenter le mouvement qui suit le dégel au moyen du schéma de la personne déjà utilisé dans les chapitres antérieurs. Les trois parties de la figure 11 représentent le processus du changement. Le cercle de gauche (I) représente la personne structurée: le cercle qui apparaît dans le champ perceptuel désigne la structure du soi et le rectangle une structure quelconque du champ perceptuel: structure cognitive, motivationnelle, attitudinale, etc. Le second cercle (II) représente le mouvement qui suit le dégel: les lignes éparses et la ligne ondulée du soi indiquent qu'un dégel s'est produit entraînant une dispersion à l'intérieur du champ perceptuel. Même si ces éléments demeurent présents à l'intérieur du champ perceptuel, l'organisation, la gestalt, est brisée. C'est un peu comme si ces éléments étaient soumis à un ensemble de forces nouvelles, à la façon d'un champ magnétique dont les pôles se seraient déplacés. Enfin, le troisième cercle (III) à droite de la figure représente la restructuration ou le regel qui est la dernière phase du changement.

Le regel

On peut voir dans le phénomène de regel une autre manifestation de la tendance à l'actualisation. Dans la mesure où les conditions favorables permettent un processus de

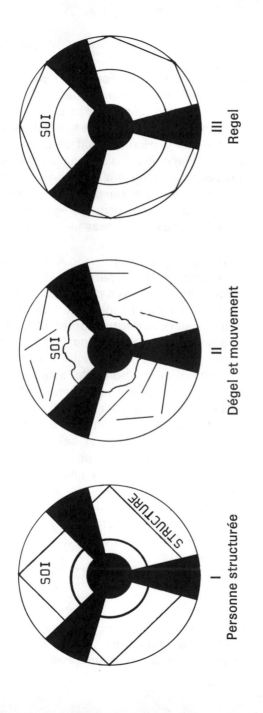

Fig. 11:
LES ÉTAPES DU CHANGEMENT

I
Personne structurée

II
Dégel et mouvement

III
Regel

croissance, le mouvement se fait de telle sorte que les nouvelles données expérientielles se réorganisent progressivement dans une structure plus complexe: les éléments de la structure antérieure peuvent s'y retrouver mais dans une organisation plus satisfaisante. C'est ce que représentent, dans le troisième cercle de la figure 11, le cercle agrandi de l'image de soi et l'octogone qui a remplacé le carré.

L'adolescent qui vit le mouvement décrit plus haut réussit, par exemple, à stabiliser son image de lui: il en résulte une nouvelle identité qui intègre ses expériences antérieures et ses nouvelles perceptions de lui.

Dans le domaine scientifique on reconnaît, d'ailleurs, qu'une théorie nouvelle est valable dans la mesure où elle réussit à intégrer les expériences et les perceptions antérieures. La théorie de la relativité d'Einstein, par exemple, entraîne un regel dans le domaine de la physique, intégrant les éléments des théories antérieures, mais dans une structure cognitive plus large qui permet une compréhension plus vaste et plus satisfaisante des mêmes phénomènes. De même, le regel qui s'est fait après Galilée dans le domaine de la cosmologie permet une conception de l'univers et du système solaire qui explique pourquoi le soleil semble tourner autour de la terre.

Pour que le regel se fasse de façon harmonieuse — et aussi pour qu'il y ait dégel sans effondrement de la personne — il faut un certain nombre de conditions. Ces conditions, au niveau de l'environnement, sont celles qui ont été explicitées au chapitre quatrième et dans les chapitres qui ont traité des relations interpersonnelles. A l'intérieur de la personne la présence de structures fondamentales, qui elles ne changent pas, assurent la stabilité et la continuité du développement à travers les changements. En ce sens, le changement a des limites et, s'il est vrai que s'actualiser c'est vivre en état de changement, cela n'est vrai qu'en partie, c'est-à-dire dans la mesure où le changement peut se faire autour d'un axe de développement permanent. D'ailleurs, celui qui perçoit en lui un changement perçoit un même «je» qui peut parler au passé, au présent et au futur: «j'étais, je pensais, j'agissais de telle façon; maintenant je suis, je pense, je crois telle ou telle chose; demain je prévois que je serai tel ou tel». A travers ces expressions, on retrouve un facteur commun: le «je». Même lorsqu'on parle d'une crise d'identité ou d'une transformation de l'identité, il y a chez la personne qui vit un tel phénomène la perception d'une continuité: c'est sur la base d'une telle structure permanente que le regel est possible. C'est d'ailleurs pour tenir compte de cet élément que, dans la figure 11, le cercle intermédiaire du soi, à la phase du dégel et du mouvement, n'est pas rompu mais représenté par une ligne ondulée.

La perception de telles structures de base à l'intérieur de la personne se traduit dans le champ perceptuel par quelques certitudes existentielles de base: «je vis», «j'ai une valeur en tant que personne», «je bouge», etc. Ces perceptions se formulent parfois dans la ligne des besoins fondamentaux: «j'aime et je suis aimé, je produis, ma vie et l'univers ont un sens». On peut penser, en effet, que plus une personne accumule des satisfactions de base au niveau de ses besoins fondamentaux, plus elle acquiert la sécurité existentielle qui lui permet de rester ouverte à son expérience, de se prendre en charge, et d'agir sur son environnement: elle vit alors de façon relativement sereine les dégels, les mouvements et les regels qui marquent son développement. La continuité perçue est la principale garantie d'un changement harmonieux. Dans cette perspective, l'analyse des erreurs antérieures, ou la critique du passé, se fait sous le signe de l'actualisation. Le processus de croissance évolue par essais et erreurs.

En résumé

Dans la mesure où des structures de base sont acquises, dans la mesure où la personne vit son interaction avec l'environnement sous le signe de la croissance, pouvant rester ouverte à son expérience, se prendre en charge et agir sur son environnement, l'actualisation se fait à travers un processus par essais et erreurs qui entraîne des structurations du champ perceptuel, des dégels, des mouvements et des regels (restructurations), ce qui permet à cette personne d'intégrer l'ensemble des expériences qu'elle vit dans ses rapports avec l'environnement. Ce faisant, la personne apprend à vivre en état de changement et à faire face avec une sérénité croissante à tous les changements à venir. Plus cet apprentissage se poursuit, plus on voit apparaître chez la personne qui s'actualise une attitude que l'on pourrait appeler le «sens du relatif». Contrairement à la personne qui vit de façon défensive, et qui s'attache par insécurité, aux structures acquises, la personne qui s'actualise renonce à tous les pseudo-absolus. L'absolu n'est plus formulé en termes d'être mais en termes de devenir. Le sens du relatif permet alors d'accueillir sans panique toute expérience nouvelle, toute annonce de changement et toute remise en question. La confiance en soi, et en sa capacité de changer, devient le signe évident d'une personne qui est en voie d'actualisation.

Chapitre X

LA NON-DIRECTIVITÉ

Le cadre de la psychologie perceptuelle a servi, dans les chapitres précédents, à l'étude de la personne et des relations interpersonnelles. C'est sous l'angle de la discipline scientifique que cette psychologie perceptuelle a été présentée, mais cette approche psychologique est davantage connue pour ses applications pratiques dans le domaine professionnel. C'est en effet grâce aux écrits d'un praticien, Carl Rogers, qu'elle a surtout fait sa marque, sous l'étiquette de la non-directivité, ou celle de l'approche centrée-sur-la-personne (1). Le chapitre dixième, dans le prolongement des postulats et des principes énoncés dans les neuf premiers chapitres, s'efforcera de présenter cette approche pratique, d'en faire le bilan et d'en dégager quelques applications concrètes. Un bref commentaire sur le terme non-directivité servira de point de départ; quelques ambiguités courantes seront ensuite dissipées; puis enfin, l'approche non-directive sera resituée dans le contexte de la théorie présentée tout au cours du présent volume.

LE TERME

Le terme non-directivité a été introduit par Carl Rogers dans les années 40 (2) pour exprimer une découverte qu'il avait faite dans sa pratique professionnelle de psychothérapeute. Cette découverte, on peut l'exprimer à l'aide des modèles utilisés dans les chapitres précédents. De façon intuitive, Rogers constatait que dans le processus thérapeutique, lorsque le thérapeute crée les conditions favorables au processus de croissance (voir chapitre quatrième), l'énergie organismique de son client est mobilisée et agit en lui de façon structurante. Il a également perçu que, dans son rôle de thérapeute face au client, il favorisait ce processus de croissance dans la mesure où il n'essayait pas de structurer lui-même, de l'extérieur, le champ perceptuel de son interlocuteur. A la lumière de cette intuition, il a progressivement entrepris la critique de ses attitudes et de son comportement de thérapeute, en essayant d'éliminer toutes les activités qui auraient pour effet une structuration du champ perceptuel de son client. Il supprima les interprétations psychanalytiques dont l'effet était d'orienter la structure cognitive du client, en dirigeant de l'extérieur le processus heuristique, tel que décrit au chapitre huitième. C'est ainsi que le terme non-directivité est apparu pour désigner une approche où le thérapeute se donnait comme tâche de créer les conditions favorables au processus de croissance de son client: à savoir l'ouverture à l'expérience, la prise en charge et éventuellement l'action sur l'environnement.

Dans son étude sur la psychologie de Carl Rogers et sur la non-directivité, Max Pages (3) a proposé d'utiliser les termes «activités structurantes» et «activités informantes» pour entreprendre cette critique des attitudes du thérapeute et évaluer les effets de son comportement sur le processus thérapeutique. La non-directivité, de ce point de vue, consistait à privilégier les activités informantes qui facilitent le processus heuristique. Elle consistait aussi à éliminer dans la mesure du possible les activités structurantes pour éviter d'interférer avec l'autonomie du processus de structuration du client. Le rôle de facilitateur prend donc le dessus sur le rôle d'expert, selon les catégories décrites au chapitre huitième.

D'ailleurs, dès que ses premiers écrits se sont répandus aux Etats-Unis, Rogers lui-même a modifié son vocabulaire, préférant désormais le terme plus positif de «centrée-sur-la-personne», pour décrire son approche thérapeutique. Il avait constaté, en effet, que ce que l'on commençait à enseigner dans les écoles professionnelles des Etats-Unis sous l'étiquette de la non-directivité ne correspondait en rien à ses intuitions de base (4). Malgré ses efforts pour mieux traduire sa pensée, la popularité du terme ''non-directivité'' s'est accrue. Ce dernier s'est répandu à une allure vertigineuse dans les milieux professionnels les plus variés, entraînant beaucoup de confusion sur son passage. Il est donc opportun, avant de reformuler l'essentiel de l'approche centrée-sur-la-personne, dite non-directive, de dissiper les malentendus les plus courants.

CE QUE N'EST PAS LA NON-DIRECTIVITÉ

Dans l'utilisation qui est faite aujourd'hui de l'approche dite non-directive, on trouve un excellent exemple du processus de changement, tel que décrit au chapitre neuvième. Il est probable que le terme non-directivité a puisé sa popularité dans son caractère révolutionnaire. Dans un monde où les influences de toutes sortes sont amplifiées par la technique — techniques de pression, techniques de vente, techniques de conditionnement — le terme non-directivité prend une allure paradoxale, qui provoque chez les uns le dégel des attitudes professionnelles antérieures et chez d'autres une résistance au changement. D'aucuns parlent aujourd'hui d'une nouvelle révolution copernicienne qui ne porte plus sur la cosmologie ou la vision de l'univers mais sur la conception de l'homme perçu comme un être unique, un univers subjectif qui échappe à tout cadre de référence de type «objectif». Quoi qu'il en soit du processus de changement déclenché par les conceptions de la psychologie rogérienne, et des dégels qu'elle provoque, le terme non-directivité pour sa part entraîne des façons de faire qui ne ressemblent en rien à l'idée originale de son promoteur. Voyons donc ce que n'est pas la non-directivité.

Premièrement, la non-directivité ne signifie pas «absence d'influence». Plusieurs personnes, aujourd'hui, décrivent la non-directivité en laissant entendre qu'elle consiste à ne pas influencer son interlocuteur. Ces formulations veulent souligner, sans doute, que l'on a renoncé à utiliser des modèles extérieurs à une personne pour évaluer et orienter le comportement de celle-ci. De là à conclure que l'abandon des normes extérieures conduit à une absence d'influence, il y a une marge impossible à franchir. La réalité est plutôt à l'inverse de cette opinion naïve: l'absence de norme objective a comme effet de rendre l'influence du conseiller beaucoup plus subtile mais beaucoup plus forte. Dans une approche où le conseiller réfère à des normes objectives, toute personne qui subit l'influence de ces normes peut les objectiver et en faire la critique. Elle peut même, le cas échéant, faire la distinction entre les normes objectives proposées et la personne de celui qui s'en fait le porte-parole. Elle peut conclure dans certains cas «faites ce qu'il dit mais non ce qu'il fait». Ce faisant, elle distingue l'influence exercée sur· elle par un modèle objectif et une autre (refusée celle-là) qui vient de la personne de celui qui présente un tel modèle. Dans une approche qui se veut non-directive, il est vrai que les normes extérieures et les modèles de toutes sortes tendent à s'amenuiser, mais le danger est que le professionnel «non-directif» devienne lui-même une norme vivante face à laquelle il est beaucoup plus difficile de demeurer critique. On peut donc conclure que l'approche dite non-directive modifie le type d'influence qui est exercé sur son interlocuteur, mais qu'elle n'est en rien une absence d'influence. Au contraire, cette influence est accrue et elle peut avoir l'effet opposé à la prise en charge plus grande qu'elle devait produire chez celui qui en est l'objet. Dans le contexte de la psychologie centrée-sur-la-personne, on dira plutôt que l'influence qu'exerce le conseiller sur son client porte sur la conception de la personne. En même temps qu'il s'efforce de ne pas exercer d'activité structurante, concernant la façon pour son interlocuteur de disposer de son énergie organismique, il met tout en oeuvre pour le persuader de la capacité qu'il a de se prendre en charge. Il est rarement question de cette conception au plan verbal; au lieu de faire un discours sur le modèle de l'homme qui le guide, celui qui adopte une approche centrée-sur-là-personne concrétise plutôt, par ses attitudes de considération positive inconditionnelle et d'empathie (voir chapitre quatrième), les postulats qui guident ses interventions. Il croit lui-même que son interlocuteur est guidé par une tendance à l'actualisation et là-dessus son influence est sans réplique. En cas de conflit, le seul recours pour le client qui veut se soustraire à ce type d'influence est de briser la relation.

Une autre confusion fréquente autour de la non-directivité porte sur l'objet des attitudes qu'adopte le professionnel. Plusieurs personnes développent, sous le signe de la non-directivité, une approche qui est un «laissez-faire» total. Au nom de la non-directivité, par exemple, des parents vont s'interdire d'exprimer des exigences au plan du comportement, de peur de nuire au processus de croissance de l'enfant. Des études ont montré pourtant, que la surprotection d'un enfant entraîne une absence de caractère et compromet la possibilité qu'il a de se prendre en charge (5). Dans l'explication de l'objet précis de la considération positive inconditionnelle, le monde subjectif plutôt que le comportement de son interlocuteur (voir chapitre quatrième), on a déjà dissipé une telle ambiguïté. Rappelons seulement que la non-directivité n'est pas une absence de contrainte, et que le laissez-faire traduit le plus souvent un manque d'authenticité qui n'aide en rien le processus de croissance.

D'autres ambiguïtés apparaissent chez ceux qui confondent «non-directivité» avec «absence totale d'implication personnelle». Les caricatures nombreuses de la psychologie rogérienne, où on voit l'aidant se cacher derrière son rôle et ses techniques pour «renvoyer l'autre à lui-même», illustrent bien cette déformation. Les techniques non-

directives seules: la reformulation, le reflet, le silence systématique, le refus de répondre à toute question . . . traduisent le plus souvent une distance psychologique qui ne
facilite en rien un processus de croissance. En l'absence
des attitudes propres au processus de croissance, ces techniques n'aident pas une personne qui a besoin d'aide. Elles
lui communiquent, le plus souvent, qu'elle est sans ressour-
ce et ne font que souligner l'impuissance et la dépendance
dans laquelle elle se trouve. Les techniques deviennent un
écran entre les deux interlocuteurs; elles accentuent de
façon disproportionnée le pouvoir de l'expert qui ne semble
jamais affecté par ce que vit son interlocuteur. Cette façon
technique de vivre la non-directivité compromet à tout jamais la prise en charge de celui qui attend l'aide chaleureuse d'un facilitateur et reçoit en échange la froideur d'un
miroir lui reflétant une image désagréable de lui-même.
Selon les termes utilisés pour décrire le processus heuristique au chapitre huitième, si les techniques non-directives ne facilitent pas l'éveil, la focalisation et la libre
expression de soi, elles vont à l'encontre d'un processus
de croissance et d'actualisation.

Enfin l'ambiguïté la plus paradoxale de toutes est celle
qui résulte d'une nouvelle religion en train de poindre dans
certains milieux imbus de psychologie rogérienne. S'étant
apparemment affranchies de certains modèles religieux, qui
ne laissaient guère de place à l'autonomie et à la prise en
charge, plusieurs personnes semblent retrouver dans la
non-directivité une religion au langage plus moderne mais
dont les caractéristiques sont semblables à celles que l'on
a rejetées. Il n'est pas rare aujourd'hui dans des milieux
professionnels ou semi-professionnels qui ont subi l'influence de la psychologie rogérienne, de retrouver l'absolu
de la non-directivité. C'est une religion qui a aussi sa mora-
le: «le péché» le plus grave dans ces milieux consiste à
être ou à se dire directif. La non-directivité qui se voulait
un moyen d'aider une personne à s'actualiser, est devenue
une fin, le critère du bien et du mal. Le regel qui a suivi le
dégel des attitudes moralisantes d'autrefois se fait autour

de la non-directivité. Inutile de dire que rien, dans une telle compréhension, ne facilite le processus de croissance d'une personne.

L'APPROCHE NON-STRUCTURANTE

Au-delà des ambiguïtés et de la confusion créées par le terme, l'approche non-directive n'en est pas moins une réalité; une réalité qui est la conséquence de la conception de l'homme et des relations interpersonnelles issue de la psychologie perceptuelle. Les postulats et les descriptions des chapitres précédents serviront maintenant à redéfinir la non-directivité, en la replaçant dans le contexte théorique qui lui donne sa véritable signification. Pour illustrer ce qu'est la non-directivité, le terme de Max Pages sera utilisé parce que plus précis: nous parlerons donc d'une approche non-structurante. Elle sera illustrée par un exemple concret, qui permettra de préciser les choix qui s'imposent à celui qui aide une autre personne. L'approche non structurante apparaîtra comme un choix parmi d'autres.

Je suppose que je suis consulté un jour par un adolescent de 17 ans amoureux d'une jeune fille qu'il veut épouser. Il se présente devant moi et me dit en guise d'introduction: «mon amie et moi on s'aime et on veut se marier. Nos parents nous apportent toutes sortes d'objections. On m'a conseillé d'en parler à quelqu'un; j'aimerais avoir votre avis».

Lorsque j'entends une telle demande, j'ai déjà des choix à faire. Selon les perceptions que j'ai de mon interlocuteur, de la situation dans laquelle se fait la consultation (selon que je suis un ami, un professeur, un compagnon de travail, ou un psychologue consultant, par exemple) et de ce qu'elle éveille en moi, plusieurs choix me sont offerts. Les différents types de relations explicités dans les chapitres cinq à huit peuvent déjà servir à distinguer quelques-uns de ces choix: vais-je choisir, par exemple, une relation fonctionnelle et répondre de façon encyclopédique à cette question sans m'impliquer personnellement? Vais-je réagir selon le modèle de la relation chaleureuse et exprimer les senti-

181

ments que je peux éprouver face à mon interlocuteur dans cette situation, faisant de cette relation un échange sympathique? Vais-je plutôt me laisser stimuler par la cible — définie par la question: «est-ce que je dois ou non me marier» — et m'engager dans une relation coopérative? Ou vais-je plutôt privilégier une relation de type heuristique? Il n'y a aucun critère objectif qui permette une réponse unique à ces questions. Le plus souvent d'ailleurs les choix ne sont pas contradictoires, exception faite de la relation fonctionnelle, et on peut retrouver dans le déroulement d'une relation d'aide des éléments des trois autres types de relation.

Admettons maintenant, pour les besoins de la cause, que j'opte pour une relation de type heuristique: je décide d'aider mon interlocuteur à symboliser correctement l'expérience à propos de laquelle il me consulte. Dès que je fais un tel choix, je dois encore me situer face aux deux rôles décrits au chapitre huitième: vais-je me placer face à celui qui me consulte dans un rôle d'expert? Ou vais-je plutôt adopter un rôle de facilitateur? Là encore, la dichotomie n'est pas absolue mais il est probable qu'au cours de la relation l'un des deux rôles va dominer.

Supposons d'abord que j'opte pour le rôle d'expert. Tout en étant accueillant, sympathique, et en considérant tous les aspects de la question, je cherche à me faire une opinion, dans le but de répondre éventuellement au contenu de la demande qui m'est adressée. Je questionne mon interlocuteur, j'essaie d'évaluer, par exemple, l'intensité de son expérience, son tempéramment, son caractère, ses motivations, etc. A mesure que j'accumule l'information, je me fais une opinion. Je suppose évidemment que cette opinion n'est pas toute faite d'avance et que je me centre vraiment sur le cas particulier qui m'est présenté. Je peux ainsi arriver, compte tenu de mon expérience personnelle et professionnelle, à une conclusion assez ferme. Je crois sincèrement, par exemple, après une heure d'entrevue, que cet adolescent ferait un bon choix en se mariant; ou à l'inverse que ce serait un mauvais choix et qu'il devrait retarder son mariage. Quelle que soit cette opinion, je la communique à mon interlocuteur, avec prudence sans doute, et en ayant soin de ne pas lui imposer mon point de vue. Je peux aussi m'impliquer, souligner qu'il s'agit là d'un avis parmi d'autres, etc. Il n'en reste pas moins que je réponds directement à la demande qui m'a été faite. Dans cette façon de faire, je joue un rôle d'expert et, tout en reconnaissant une possibilité d'erreur de ma part, je me compromets en apportant une réponse à la demande qui m'est faite. J'adopte donc une approche structurante. Je considère implicitement qu'une bonne façon de s'actualiser pour mon interlocuteur est d'avoir recours à mon expertise, comme il le ferait en allant consulter un médecin ou un avocat dans d'autres circonstances. Me percevant dans cette circonstance comme suffisamment compétent pour donner un avis pertinent, je n'hésite pas à le faire. Je suis directif, c'est indéniable; j'accepte d'influencer mon interlocuteur et de contribuer à structurer son champ perceptuel en l'orientant vers ce qui me paraît être la meilleure solution.

Supposons maintenant que j'opte plutôt pour un rôle de facilitateur face à cet adolescent. Plutôt que de chercher à répondre explicitement à la demande qu'il a formulée, je me centre sur l'ensemble de sa subjectivité et j'essaie de l'aider à voir clair en lui-même. Je porte d'abord attention à la perception (BA) que j'ai de mon interlocuteur: puis-je considérer qu'il est en mesure de faire un choix valable? Il se peut que, dès ce moment, ma réponse soit négative; mieux vaudrait alors opter pour une approche structurante, soit celle décrite plus haut, soit celle qui consisterait à l'orienter vers une relation d'aide plus spécifique, celle de la psychothérapie, par exemple. Mais considérons pour l'instant que ma réponse est positive. Compte tenu de ma perception de cet adolescent et des postulats qui me permettent de voir concrètement en lui une tendance à l'actualisation, tendance qui lui permet de disposer de son énergie organismique et de se structurer lui-même, je peux alors choisir de ne pas donner l'avis qu'il demande à l'expert. Je commence à ce moment à l'influencer dans le sens de mes convictions et du modèle que j'utilise; le fait même de ne pas répondre au contenu de sa demande a pour effet de le centrer sur sa propre subjectivité, pour y trouver la réponse qu'il cherche. Il est possible qu'en essayant de saisir ce qu'il vit, selon les modalités de la compréhension empathique, ma conviction s'affermisse, à savoir que la seule réponse valable à sa demande est celle qui va surgir du bouillonnement socio-émotif qui se produit présentement à l'intérieur de son champ perceptuel. Dans mon rôle de facilitateur, je l'aide alors à regarder ce qui se passe en lui, à verbaliser et à exprimer ce qu'il vit face à sa propre question. Si au cours d'une telle démarche, mon interlocuteur ne comprend pas l'attitude que j'adopte et s'étonne de ce que je ne lui donne pas de réponse, j'ai encore un choix à faire: je peux lui dire pourquoi j'agis ainsi et lui présenter brièvement les postulats qui me guident. Je me compromets alors en formulant plus clairement l'influence que j'essaie d'exercer sur lui à travers ma façon de faire. Je peux aussi choisir d'éviter la question, dans l'espoir que ma façon de faire, sera une explicitation plus efficace du modèle utilisé que toute explication verbale, celle-ci risquant toujours de distraire l'autre du processus heuristique que j'essaie de privilégier. Quel que soit le choix que je fasse sur la modalité, mon but en tant que facilitateur est de communiquer à mon vis-à-vis que sur le plan du contenu c'est lui l'expert et non moi-même.

Le choix de m'en tenir au rôle de facilitateur face à quelqu'un qui s'adresse à moi illustre l'approche non-structurante. D'expert que j'étais aux yeux de celui qui venait me consulter, je m'efforce d'échapper à un rôle que je ne crois pas pouvoir exercer. J'essaie de faire comprendre à mon interlocuteur ce qui me rend aussi ignorant que lui dans les circonstances. Je n'exclus pas le recours à des informations que je peux avoir en tant qu'expert. Je peux citer des cas, des exemples, des statistiques, le cas échéant, mais jamais sans m'être assuré que de telles informations n'auront aucun effet structurant. Supposons, dans le cas illustré plus haut que je dispose d'un rapport de recherche révélant que 90% des mariages de mineurs aboutissent à une séparation dans les cinq ans qui suivent (6). Je peux donner le renseignement que je possède si mon interlocuteur me semble suffisamment autonome pour que cela ne nuise pas au processus heuristique. Dans le cas contraire, je pourrais choisir de ne pas donner l'information et continuer d'accorder la priorité aux fonctions de facilitation. Mais supposons que je choisisse d'introduire l'information statistique. Je peux le faire en prenant soin de reformuler le problème de l'adolescent qui est devant moi, de telle sorte que la question restera ouverte, le forçant ainsi à assumer son rôle d'expert au plan du contenu; en disant, par exemple: «le problème que tu vis présentement et pour lequel tu me demandes de l'aide, c'est précisément de savoir les chances que toi tu as de te retrouver dans les 10% de ceux qui réussissent, et non dans les 90% de ceux qui ne réussissent pas; là-dessus je ne peux te répondre» (7). Le choix de demeurer facilitateur face à un interlocuteur suppose à tout moment que la perception que l'on a de lui comme «expert» se maintienne. Sans cette condition, la technique prend le dessus et il est probable que, dans un tel cas, mon interlocuteur se sentira manipulé ou subtilement dirigé vers la solution que moi, en tant qu'expert, j'évalue être la meilleure pour lui.

L'approche non-structurante suppose, on l'a vu plusieurs fois dans les chapitres antérieurs, l'authenticité de la part de celui qui veut favoriser une relation de croissance. Si je n'ai pas le courage, par exemple, de faire face au «péché de la directivité» lorsque c'est le seul choix qui m'est permis, compte tenu de mes perceptions de mon interlocuteur, je sème la confusion et je fais obstacle au processus d'actualisation de celui que je prétends aider. Une question-clé peut permettre d'évaluer si j'ai les prérequis à une approche non-structurante: je peux à chaque instant de la relation me poser cette question: «qui est l'expert?» L'expert ici est défini comme celui des deux interlocuteurs qui a le moins de chances de se tromper en faisant une évaluation ou en proposant une solution au problème abordé. Si je m'exerce à formuler souvent cette question je saurai rapidement si une approche non-structurante m'est possible dans telle ou telle situation. Si je réponds à la question «c'est moi l'expert», inutile de persister dans une approche non-structurante. Si je réponds honnêtement «c'est lui», le choix d'une approche non-structurante est possible. Dans l'exemple de l'adolescent, tout dépend de la formulation de la question. Qui de nous deux est l'expert pour prédire le comportement de l'adolescent moyen? C'est moi sans aucun doute. Mais qui de nous deux est l'expert pour prédire que tel adolescent sera satisfait le cas échéant du mariage qu'il projette, s'il sera dans les 10% ou les 90%? Là-dessus, je peux répondre honnêtement que c'est lui, si je perçois concrètement le processus de prise en charge qui se déroule en lui présentement.

Conclusion

L'examen des nombreux choix qui se présentent dans le déroulement d'une relation d'aide permet de re-situer l'approche non-structurante dans le contexte théorique dont elle est issue, en tenant compte des particularités qu'elle présente, en dehors de la relation thérapeutique. La question à laquelle nous conduisent les ambiguïtés décrites plus haut est la suivante: est-il possible de transposer hors du contexte thérapeutique l'approche centrée-sur-la-personne et les attitudes d'authenticité, de considération positive inconditionnelle et d'empathie qui en sont les conditions de base? Des centaines de chercheurs et de praticiens essaient aujourd'hui de répondre à cette question dans le domaine de l'aide sociale, de l'éducation, de la vie familiale, etc. Il est sans doute trop tôt pour conclure, mais le bilan est loin d'être entièrement positif. Certes, des éléments de la psychologie perceptuelle peuvent être transposés sans équivoque: les valeurs du respect de la personne, de la participation, de la prise en charge, par exemple, sont des acquis certains. Mais pour ce qui est de transposer dans une relation d'aide de la vie quotidienne une approche non-structurante, la réponse est plus difficile. La réponse théorique est positive; il n'y a rien de contradictoire en soi. Mais le scénario un peu sommaire, imaginé à partir de la consultation de l'adolescent qui désire se marier, montre que la réponse pratique n'est pas aussi simple.

Pour ma part, je crois que le dégel qui commence à se faire chez plusieurs personnes, sous l'influence de la psychologie perceptuelle, est à peine amorcé. Il est trop tôt pour savoir s'il va se poursuivre, et, si oui, comment évoluera le mouvement qui en découlera? Pour poursuivre la recherche sur cette question, je propose de développer une attitude qui sera un test de l'authenticité de l'approche non-structurante. Cette attitude, je l'appelle «l'ignorance créatrice». Elle est illustrée dans le scénario décrit plus haut. Si face à un interlocuteur je peux, de l'expert spontané que je suis (compte tenu de mon besoin de comprendre, tel que décrit au chapitre cinquième) devenir un «ignorant» au plan du contenu, je peux alors adopter un rôle de facilitateur qui permettra à mon interlocuteur de s'ouvrir davantage à son expérience, de se prendre en charge et progressivement d'agir sur son environnement. J'aurai sans doute longtemps le réflexe de l'expert, mais lorsque je commencerai à réagir spontanément aux questions qui me sont posées en me disant «je ne sais pas», je pourrai parler de non-directivité sans risquer de faire de la fausse représentation. Il est frappant de voir comment des personnes trouvent difficile d'être non-directives. Toute leur énergie passe à se retenir d'apporter la réponse qui est déjà sur leurs lèvres d'expert. Il est probable, alors, que l'attitude d'ignorance créatrice n'est pas encore présente. Pour celui qui vit effectivement une telle ignorance, rien n'est plus facile que d'être non-directif. Cette ignorance est créatrice, car c'est elle qui permet à l'aidant de s'engager vraiment et personnellement dans le rôle de facilitateur. Il s'agit, bien sûr, d'une ignorance relative, car elle porte sur le contenu qui concerne la structuration du champ perceptuel d'une autre personne. Elle suppose, par ailleurs, une compétence d'expert au plan de la relation et au plan du processus de facilitation. C'est là une façon de formuler l'approche non-structurante, qui me semble plus concrète que la formulation classique, car elle évite les ambiguïtés et les normes que véhicule aujourd'hui le vocabulaire rogérien.

La conclusion du présent volume ne saurait être «devenez ignorant face à l'autre et le reste viendra par surcroît». Ce serait répéter l'erreur des normes et se donner de nouveaux «péchés». La conclusion sera plutôt la suivante «si vous devenez ignorant face à l'autre, il est possible que vous disposiez alors d'un moyen supplémentaire de l'aider, moyen qui consiste à faciliter une relation heuristique chez votre interlocuteur». Le sens du relatif, décrit au chapitre précédent, pourrait donc être le mot de la fin.

NOTES

INTRODUCTION

1) MASLOW, A. (1962) *Toward a Psychology of Being*. Princeton: Van Nostrand.

CHAPITRE 1

1) Pour une présentation simple des théories freudiennes, voir: HALL, C.S. (1957) *A.B.C. de la psychologie freudienne*. Paris: Aubur.

2) Pour une présentation de ce modèle voir: WATSON, R.I. (1971) *The Great Psychologists*, New York: J.B. Lippincott Co., chap. 3, pp. 40 à 75.

3) Pour une description de la psychologie dite holistique voir: GIORGI, A. (1970) *Psychology as a Human Science* New York: Harper and Row; ANGYAL, A. (1965) *Neurosis and Treatment, a Holistic Theory*. New York: John Wiley; GOLDSTEIN, K. (1951) *La structure de l'organisme*. Paris: Gallimard; FRICK, W.B. (1971) *Humanistic Psychology*. Columbus: Charles E. Merrill Publishing Co., chapitre 4: Historical Perspective on Holistic Personality Theory.

4) Dictionnaire *Robert*. Paris: Société du nouveau littré, Le Robert.

5) On trouvera une présentation de la psychologie behavioriste dans l'ouvrage classique de WATSON, J.B. (1952) *Behaviorism*. New York: Norton; et dans les ouvrages plus récents de Skinner qui est un des représentants les plus connus de cette approche aujourd'hui. Voir: SKINNER, B.F. (1953) *Science and Human Behavior*. New York: Mac Millan; SKINNER, B.F. (1971) *Par-delà la liberté et la dignité*. Montréal: Editions H.M.H.

6) PAVLOV, I.P. (1928) *Lectures on Conditioned Reflexes*. New York: International.

7) ROGERS, C. et KINGET, M. (1962) *Psychothérapie et relations humaines*. Louvain: Publications Universitaires, Tome I, p. 31.

8) On trouvera des exemples de ces processus dans l'ouvrage classique de FREUD, A. (1964) *Le moi et les mécanismes de défense*. Paris: P.U.F.

9) COMBS, A.W. et SNYGG, D. (1959) *Individual Behavior, a Perceptual Approach to Behavior*. New York: Harper & Row, publisher, p. 16.

10) Van Kaam dans un ouvrage sur «les fondements de la psychologie existentielle» va même jusqu'à dire que l'aspect existentiel n'est pas une école en psychologie mais un effort d'assimilation d'une «vision en perspective, vision contemporaine de l'être humain». Pour

cet auteur, toute la psychologie deviendra existentielle et on cessera d'en parler une fois le mouvement complété. VAN KAAM, A. (1966) *Existential Foundations of Psychology,* Pittsburg, Pa.: Duquesne University Press.

11) Voir: MAY, R. (1953) *Man's Search for Himself.* New York: Norton and Co., et MAY, R. ANGEL, E. & ELLENBERGER, H.F. (Eds) (1958) *EXISTENCE: a new dimension in psychiatry and psychology.* New York: Basic Books.

12) LAING, R.D. (1960) *Le moi divisé.* Paris: Stock (1970) p. 9.

13) WANN, T.W. (Ed.) (1964) *Behaviorism and Phenomenology.* Chicago: University of Chicago Press.

14) Pour une élaboration sur ce sujet voir: KUENZLI, A.E. (Ed.) (1959) *The Phenomenological Problem.* New York: Harper; GIORGI, A. (1970) *Psychology as a Human Science.* New York: Harper & Row; STRASSER, S. (1963) *Phenomenology and the Human Sciences.* Pittsburg: Duquesne University Press; SBLIEN, J.M. (1963) Phenomenology and Personality in HEINE, J.M. (Ed.) *Concepts of Personality.* Chicago: Aldine; CHILD, I.L. (1973) *Humanistic Psychology and the Research Tradition: Their Several Virtues.* New York: John Wiley & Sons, inc.

15) Pour une présentation des principaux auteurs et de leurs idées voir *Journal of Humanistic Psychology* et SUTICH, A.J. & VICH, M.A. (1969) *Readings in Humanistic Psychology.* New York: The Free Press.

16) Le terme expérience prend des sens variés depuis qu'il devient une notion clé de certains systèmes philosophiques et scientifiques. Dans le présent volume il désignera toujours «le fait d'éprouver quelque chose, une émotion, un sentiment . . . »

17) COMBS, A.W. et SNYGG, D. (1959) *Individual Behavior.* New York: Harper & Row Publisher, p. 19.

18) Pour une présentation de la pensée de William James voir: WATSON, R.I. (1971) *The Great Psychologists.* New York: J.B. Lippincott Co., chap. 16, pp. 352 à 380.

19) L'ÉCUYER, R. (1972) Les transformations des perceptions de soi chez les enfants âgés de trois, cinq et huit ans. Montréal: Université de Montréal, thèse de doctorat, inédite.

CHAPITRE 2

1) ROGERS, C. et KINGET, M. (1962) *Psychothérapie et relations humaines.* Louvain: Publications Universitaires, p. 172.

2) GOLDSTEIN, K. (1951) *La structure de l'organisme.* Paris: Gallimard.

3) ROGERS, C. (1961) *Le développement de la personne.* Paris: Dunod (1967), Qui je suis, pp. 3 à 25.

4) «Notre premier bébé m'a changé en tant que psychologue, grâce à lui le behaviorisme, pour lequel j'avais été si enthousiaste, m'est apparu tellement fou que je ne pus le supporter davantage. C'était impossible. Je regardais cette chose mystérieuse et délicate», confiait-il à Mary Harrington Hall, lors de l'interview pour la revue *Psychology Today*, «et je me sentais tellement stupide. J'étais renversé par le mystère et par le sentiment d'une absence de contrô'e ... Je dirais que quiconque devient père d'un bébé ne peut plus être behavioriste», Maslow; citation de GOBLE, F. (1970) *The Third Force. the Psychology of Abraham Maslow.* New York: Grooman Publisher, p. 11. (Traduction française de l'auteur.)

5) Pour une discussion plus approfondie de cette question voir: ANGYAL, A. (1941) *Foundations for a Science of Personality.* New York: Commonwealth Find., ainsi que MASLOW, A. (1962) *Toward a Psychology of Being.* Printon: Van Nostrand.

6) ROGERS, C. et KINGET, M. (1962) *Psychothérapie et relations humaines.* Louvain: Publications Universitaires, pp. 217 et 218.

7) ROGERS, C. (1951) *Client-centered Therapy: its Current Practice, Implications, and Theory.* Boston: Houghton Mifflin Co.

8) LEWIN, K. (1959) *Psychologie dynamique.* Paris: P.U.F. p. 16.

CHAPITRE 3

1) GOLDSTEIN, K. (1947) *Human Nature in the Light of Psychopathology.* Boston: Harvard University Press.

2) ANGYAL, A. (1941) *Foundations for a Science of Personality.* New York: Commonwealth Find.

3) COMBS, A.W. et SNYGG, D. (1959) *Individual Behavior.* New York: Harper & Row publisher.

4) McCLELLAND, D.C. et ALII (1953) *The Achievement Motive.* New York: Appleton-Century-Crofts.

5) FRANKL, V.E. (1963) *Man's Search for Meaning.* New York: Washington Square Press; FRANKL, V.E. (1967) *Un psychiatre déporté témoigne.* Lyon: Éditions du Chalet.

6) MASLOW, A. (1954) *Motivation and Personality.* New York: Harper & Brothers.

7) MURRAY, H.A. (1938) *Explorations in Personality.* New York: Oxford, pp. 152 à 226. Pour un résumé de cette théorie voir HALL, C.S. and LINDZEY, G. (1957) *Theories of Personality.* New York: John & Sons, pp. 157 à 205.

8) NUTTIN, J. (1965) *La structure de la personnalité.* Paris: P.U.F., pp. 222 à 230.

9) LINTON, R. (1965) *Le fondement culturel de la personnalité.* Paris: Dunod, pp. 11 à 16.

10) KLUCKHOHN, C. et MURRAY, H. Personality Function: the determinants in KLUCKHOHN, C. et MURRAY, H. (Eds) (1962) *Personality in Nature, Society and Culture*. New York: Alfred A-KNOPF, pp. 53 à 67.

11) On trouvera une discussion sur la pertinence de cette notion et sur les limites de ce concept dans l'article de LEE, D. Are basic needs ultimate? in KLUCKHOHN, C. et MURRAY, H. (Eds) (1962) *Personality in Nature, Society and Culture*. New York: Alfred A-Knopf, pp. 335 à 341.

12) MASLOW, A. (1954) *Motivation and Personality*. New York: Harper & Brothers.

13) SPITZ, R.A. (1945) Hospitalism, *The Psychoanalytic Study of the Child*, I. New York: International University Press.

14) ROGERS, C. et KINGET, M. (1962) *Psychothérapie et relations humaines*. Louvain: Publications Universitaires, pp. 219 à 221.

15) On trouvera une présentation classique de cette psychopathologie dans FENICHEL, O. (1945) *La théorie psychanalytique des névroses*. Paris: P.U.F. Des ouvrages plus récents soulignent également l'importance de cette dimension: SULLIVAN, H.S. (1953) *The Interpersonal Theory of Psychiatry*. New York: Norton; ERIKSON, E.H. (1959) *Enfance et société*. Paris: Delachaux & Niestlé.

16) FROMM, E. (1968) *L'art d'aimer*. Paris: Éditions de l'Épi, p. 34.

17) FROMM, E. Ibid: pp. 34-35.

18) FROMM, E. Ibid. p. 33.

19) Voir: WOLMAN, B.B. (1968) *The Unconscious Mind*. Englewood Cliffs: Prentice-Hall, p. 126.

20) Voir par exemple: MOONEY, R.L. (Ed.) (1967) *Explorations in Creativity*. New York: Harper and Row.

21) FRANKL, V.E. (1963) *Man's Search for Meaning*. New York: Washington Square Press.

22) COMBS, A.W. et SNYGG, D. (1959) *Individual Behavior*. New York: Harper & Row Publisher, chap. 3, pp. 37 à 58.

23) Pour une introduction à ce vaste secteur de la psychologie voir: BUTCHER, H.J. (1968) *Human Intelligence, its Nature and Assessment*. London: Methnen and Co. Ltd.

24) ROKEACH, M. (1960) *Open and Closed Mind*. New York: Basic Books.

25) MASLOW, A. (1954) *Motivation and Personality*. New York: Harper and Brothers.

26) Cette position est attribuée à plusieurs psychanalystes et en particulier à Freud qui traite toujours de l'aspect religieux dans un contexte de psycho-pathologie. Voir sur cette question: FROMM, E.

(1950) *Psychoanalysis and Religion.* New Haven: Yale University Press.

27) MAILLOUX, N. (1956) Religious and Moral Issues in Psychotherapy and Counseling. *Pastoral Psychology* 7, 61, 29-3.

CHAPITRE 4

1) Le lecteur intéressé à pousser l'analyse de l'interaction individu-environnement selon le schème stimulus-réponse peut se référer aux ouvrages suivants: HALL, C. et LINDZEY, G. (1957) *Theories of Personality.* New York: John Wiley & Sons; chap. 11, pp. 420 à 466; DOLLARD, J. et MILLER, N.E. (1950) *Personality and Psychotherapy: an Analysis in Terms of Learning, Thinking and Culture.* New York: McGraw.

2) MASLOW, A. (1954) *Motivation and Personality.* New York: McGraw.

3) ROGERS, C. et KINGET, M. (1962) *Psychothérapie et relations humaines.* Louvain: Publications Universitaires, p. 190.

4) ROGERS, C. et KINGET, M. (1962) Ibid., p. 195.

5) DURAND-DASSIER, J. (1971) *Structure et psychologie de la relation.* Paris: Éditions de l'Épi.

6) COMBS, A.W. et SNYGG, D. (1959) *Individual Behavior.* New York: Harper & Row Publisher, p. 45.

7) Voir par exemple FREUD, A. (1964) *Le moi et les mécanismes de défense,* Paris: P.U.F. et HARTMANN, H. (1958) *Ego Psychology and the Problem of Adaptation.* New York: International Universities Press.

8) Deux auteurs ont essayé récemment d'élaborer une synthèse sur ce sujet en «s'inspirant des différentes approches psychologiques pour traiter des *processes of adjustment»;* voir BERNARD, H.W. et HUCKINS, W.C. (1971) *Dynamics of Personal Adjustment.* Boston: Holbrook Press.

9) FENICHEL, O. (1945) op. cit. demeure un classique sur le sujet.

10) MILLON, T. (1967) *Theories of Psychopathology.* Philadelphia: Saunders et MILLON, T. (1969) *Modern Psychopathology; a Biosocial Approach to Maladaptive Earning and Functioning.* Philadelphia: Saunders.

11) Le terme congruence est parfois utilisé comme néologisme en français pour traduire le terme anglais *congruence* créé par Rogers pour traiter de cette attitude. Le terme authenticité sera retenu parce que plus accessible.

12) On retrouve ici un exemple du processus défensif décrit précédemment.

13) On trouvera dans les écrits de Ayn Rand une excellente description d'un environnement social qui entraîne l'inauthenticité et à l'inverse

la redécouverte de l'authenticité chez des personnages qui parviennent à s'actualiser en dépit d'un tel environnement. Voir en particulier RAND, A. (1946) *Anthem.* New York: Signet.

14) Voir: STANDAL, S. (1954) The Need for Positive Regard: A Contribution to Client-centered Theory. Thèse doctorale, University of Chicago.

15) Martin Buber a décrit une attitude semblable qui consiste à «confirmer l'autre». Voir: BUBER, M. (1959) *La vie en dialogue.* Paris: Aubier.

CHAPITRE 5

1) BUBER, M. (1959), *Op. cit.*

2) Le phénomène figure-fond a été introduit en psychologie dès 1921 par les études de RUBIN. On trouvera une présentation de cet auteur et des études qui ont suivi dans: SOLEY, C.M. et MURPHY, C. (1960) *Development of the Perceptual World.* New York: Basic Books, chap. 13, pp. 262 à 317.

3) Les études sur la communication ont beaucoup utilisé le modèle émetteur-récepteur pour comprendre cet aspect de la relation interpersonnelle. Voir: WACKENHEIM, C. (1969) *Communication et devenir personnel.* Paris: Editions de l'Epi;PARRY, J. (1967) *The Psychology of Human Communication.* New York: American Elsevier Publishing Co.

4) ROGERS, C. (1952) Communication: Its Blocking and Facilitation. *Northwestern University Information* 20, 9-15. Traduit en français dans *Hommes et Techniques,* 1959.

5) Pour une introduction aux phénomènes des préjugés voir MAILHIOT, B. (1965) *L'acceptation inconditionnelle d'autrui.* Québec: L'Association des infirmières catholiques du Canada.

6) Pour une introduction à la littérature scientifique sur la psychologie des relations interpersonnelles voir: BENNIS, W.G. et alii (Eds) (1968) *Interpersonal Dynamics.* Homewood, Ill.: The Dorsey Press et SWENSON, C.H. (1973) *Introduction to Interpersonal Relation.* Glenview, Ill.: Scott, Foresman and Co.

CHAPITRE 6

1) Le présent chapitre a fait l'objet d'un ouvrage antérieur de l'auteur sous le titre: *J'aime; essai sur l'expérience d'aimer.* Montréal: Éditions du Jour (1972).

2) Pour une présentation sommaire de ces recherches voir: MASTERS, W.H. et JOHNSON, V.E. (1966) *Les réactions sexuelles.* Paris: Laffont (1968).

3) Voir à ce sujet FENICHEL, O. (1945) *Op. Cit.*

4) Voir: KINSEY, A.C. (1948) *Sexual Behavior in the Human Male*. Philadelphia: Saunders; et KINSEY, A.C. (1953) *Sexual Behavior in the Human Female*. Philadelphia: Saunders.

5) Le plus explicite à ce sujet est SKINNER, B.F. (1971) *Par-delà la liberté et la dignité*. Montréal: Éditions H.M.H.

6) La description de ce processus rejoint celui qui est décrit par HARTMANN, H. (1958) *Ego Psychology and the Problem of Adaptation*. New York: International Universities Press.

7) Les études sur le dogmatisme permettraient de pousser plus loin cette analyse. Voir: ADORNO, T.W. et Alii (Eds) (1950) *The Authoritanian Personality*. New York: Harper & Row.

8) Sur les attitudes voir: HOLLANDER, E.P. *Principles and Methods of Social Psychology*. New York: Oxford University Press, chap. 5 et 6. Sur les valeurs voir: HARTMAN, R.S. (1958) General Theory of Value, *Philosophie: chronique des années 1949-1955*. New York: Institute of International Philosophy, UNESCO; MASLOW, A. (Ed.) (1959) *New Knowledge in Human Values*. New York: Harper & Brothers; SPAULDING, I.H. (1963) Of Human Values, *Sociology and Social Research*, 47, 169-178.

9) Pour plus de détails sur la question de l'homosexualité on peut considérer l'ouvrage suivant: BIEBER, I. et alii (1962) *Homosexuality*. New York: Basic Books.

CHAPITRE 7

1) Voir par exemple la bibliographie utilisée par TAYLOR, C.W. (1964) *Creativity: Progress and Potential*. New York: McGraw-Hill.

2) Voir par exemple: MOONEY, R.L. (Ed.) (1967) *Explorations in Creativity*. New York: Harper and Row.

3) ASTRUC, L. (1970) *Créativité et sciences humaines*. Paris: Maloine.

4) Contribution d'une équipe du Département de Psychologie de l'Université de Sherbrooke. Extrait de BONNEAU, P., LUSSIER, L., PARÉ, C., RINFRET, M. et ST-PIERRE, A. La créativité, texte inédit (jusqu'à la page 159).

5) Voir: OSBORN, A.F. (1965) *L'imagination constructive*. Paris: Dunod, et FABUM, D. (1970) *You and Creativity*, New York: Glancoe Press.

6) «Awareness»: nous ne trouvons pas de terme français pertinent pour traduire «awareness». Le terme «conscience» est parfois utilisé. Il ne nous semble pas tout à fait adéquat vu les significations multiples qui lui ont déjà été données dans le contexte psychanalytique par exemple et dans un contexte religieux et moral. Nous cherchons un mot qui rende compte de la dimension organismique contenue dans «awareness». Le mot «attention» se rapproche le plus

de ce que nous tentons d'exprimer. Malgré tout, nous gardons «awareness» tout le long de ce texte.

7) LEWIN, K. (1959) *Psychologie dynamique.* Paris: P.U.F.

8) Définition du dictionnaire Robert.

9) Voir: SARBIN, T.R. (1954) Role-theory in LINDZEY, G. (Ed.) (1954) *Handbook of Social Psychology.* Cambridge, Mass: Addison-Wesley, et ROCHEBLAVE-SPENLE, A.M. (1962) *La notion de rôle en psychologie sociale.* Paris: P.U.F.

CHAPITRE 8

1) Voir par exemple: PIAGET, J. (1936) *La naissance de l'intelligence.* Neuchâtel: Delachaux et Niestlé.

2) Voir: SOUTHWELL, E.A. et MERBAUM, M. (Eds.) (1964) *Readings in Theory and Research.* Belmont, Cal.: Wadsworth Publishing Co., part six: Cognitive Theory, pp. 343 à 438.

3) FRANKL, V.E. (1963) *Man's Search for Meaning.* New York: Washington Square Press.

4) Pour une présentation de cette théorie voir: GENDLIN, E. (1954) *Une théorie du changement de la personnalité.* Montréal: Éditions du Centre Interdisciplinaire de Montréal (1970).

5) FESTINGER, L. (1957) *Theory of Cognitive Dissonance.* Evanston: Row Peterson. Voir aussi: FESTINGER, L. et ARONSON, E. (1960) Éveil et réduction de la dissonance dans des contextes sociaux in LEVY, A. (Ed.) (1965) *Psychologie sociale.* Paris: Dunod, chap. 15, pp. 193 à 211.

6) Voir: BONVALLET, M. (1966) *Système nerveux et vigilance.* Paris: P.U.F.

7) Voir: chapitre 5, note 2.

8) Voir par exemple le rapport annuel de 1969-1970 du Conseil Supérieur de l'Éducation de la Province de Québec: «*L'activité éducative*». Québec: L'Éditeur officiel du Québec.

9) GENDLIN, E. (1964) *Op. cit.*, pp. 15 et 20.

10) L'Opération Départ (Montréal) (1971) Rapport de recherche. Québec: Gouvernement de la Province de Québec; Ministère de l'Éducation, Direction Générale de l'Éducation Permanente.

11) Rogers est l'auteur qui a le plus popularisé ces études: Voir: ROGERS, C. (1942) *La relation d'aide et la psychothérapie.* Paris: Les Éditions Sociales Françaises (1970), et autres ouvrages déjà cités.

CHAPITRE 9

1) Gendlin a montré comment l'étude du changement est devenue presque impossible en psychologie à cause de la tendance à traiter de la personne en termes de contenus plutôt qu'en termes de proces-

sus. Il propose lui-même un ensemble de concepts qui permettent l'analyse du changement. Dans le présent chapitre le phénomène du changement est identifié à l'aide du modèle descriptif de la personne mais il n'est ni analysé ni expliqué. Pour de telles analyses on pourra consulter le texte de GENDLIN, E. (1964) *Une théorie du changement de la personnalité.* Montréal: Éditions du Centre Interdisciplinaire de Montréal (1970).

2) On trouvera des exemples plus élaborés dans les études publiées sous les titres «sensations et perceptions». Voir par exemple: ALPERN, M., LAWRENCE, M. et WOLSK, D. (1967) *Sensory Processes.* Belmont, Cal.: Brooks/Cole Publishing Co. et VERNON, M.D. (1970) *Perception Through Experience.* New York: Barnes & Noble.

3) On trouvera des exemples des travaux effectués dans le contexte de la psychologie des attitudes dans: FISHBEIN, M. (1967) *Attitude Theory and Measurement.* New York: John Wiley; et COLLINS, B. (1970) *Social Psychology.* Cambridge, Mass.: Addison-Wesley, 2e partie, pp. 68 à 176.

4) Voir par exemple: MASLOW, A. (Ed.) (1959) *New Knowledge in Human Values.* New York: Harper & Brothers.

5) On trouvera une introduction aux études sur l'apprentissage dans: MARX, M.H. (Ed.) (1969) *Learning Processes.* New York: MacMillan Co.

6) LEWIN, K. (1959) *Psychologie dynamique.* Paris: P.U.F., p. 275.

7) Au sujet de la résistance au changement voir: ZANDER, A. (1950) Resistance to Change, its Analysis and Prevention in BENNIS, W.G. et Alii (Eds.) (1964) *The Planning of Change.* New York: Holt, Rinehart and Winston, chap. 9, pp. 543 ss.

8) C'est d'ailleurs dans ce domaine des attitudes que Lewin a développé cette façon de conceptualiser le changement; voir: LEWIN, K. (1947) Décisions de groupe et changement social in LEVY, A. (Ed.) (1965) *Psychologie sociale.* Paris: Dunod, chap. 33, pp. 498 à 519.

9) TOFFLER, A. (1970) *Le choc du futur.* Paris: Éditions Denoël (1971).

10) Ce phénomène a été étudié en particulier par: ERIKSON, E.H. (1959) *Enfance et société.* Paris: Delachaux et Niestlé. Pour une étude plus exhaustive du phénomène de l'adolescence voir: CONGER, J.J. (1973) *Adolescence and Youth, Psychological Development in a Changing World.* New York: Harper and Row publisher.

11) Processus que Gendlin a tenté d'expliquer en élaborant un ensemble de concepts permettant l'étude du changement. (Voir note 1).

CHAPITRE 10

1) Pour une bibliographie complète des oeuvres de Rogers voir: La Puente, M. (1970) CARL ROGERS. *De la psychothérapie à l'enseigne-*

ment. Paris: Éditions de l'Épi.

2) Voir ROGERS, C. (1942) *La relation d'aide et la psychothérapie.* Paris: Les éditions sociales françaises (1970).

3) PAGES, M. (1965) *L'orientation non-directive en psychothérapie et en psychologie sociale.* Paris: Dunod.

4) ROGERS, C. (1945) The Non-directive Method as a Technique for Social Research dans *American Journal of Sociology,* 50, pp. 279 à 283.

5) Ces études se sont faites dans le contexte de la psychanalyse surtout mais leurs conclusions rejoignent les observations de la psychologie perceptuelle. Voir un classique sur la question: REICH, W. (1949) *Character Analysis,* New York: The Noonday Press.

6) Chiffres purement fictifs inventés pour les fins de l'illustration.

7) Dans une étude antérieure l'auteur a explicité la notion «d'activité renseignante» pour désigner cette façon d'intervenir. Il a tenté de démontrer qu'elle est compatible avec une approche centrée-sur-la personne. Voir: ST-ARNAUD, Y. (1969) *La consultation pastorale d'orientation rogérienne. Bruges:* Desclée de Brouwer.

Ouvrages parus aux
ÉDITIONS
DE L'HOMME

sans * pour l'Amérique du Nord seulement
* pour l'Europe et l'Amérique du Nord
** pour l'Europe seulement

ALIMENTATION — SANTÉ

Allergies, Les, Dr Pierre Delorme
* **Cellulite, La,** Dr Jean-Paul Ostiguy
Conseils de mon médecin de famille, Les, Dr Maurice Lauzon
Contrôler votre poids, Dr Jean-Paul Ostiguy
Diététique dans la vie quotidienne, La, Louise Lambert-Lagacé
Face-lifting par l'exercice, Le, Senta Maria Rungé
* **Guérir ses maux de dos,** Dr Hamilton Hall

* **Maigrir en santé,** Denyse Hunter
* **Maigrir, un nouveau régime de vie,** Edwin Bayrd
Massage, Le, Byron Scott
Médecine esthétique, La, Dr Guylaine Lanctôt
* **Régime pour maigrir,** Marie-Josée Beaudoin
* **Sport-santé et nutrition,** Dr Jean-Paul Ostiguy
* **Vivre jeune,** Myra Waldo

ART CULINAIRE

Agneau, L', Jehane Benoit
Art d'apprêter les restes, L', Suzanne Lapointe
* **Art de la cuisine chinoise, L',** Stella Chan
Art de la table, L', Marguerite du Coffre
Boîte à lunch, La, Louise Lambert-Lagacé
Bonne table, La, Juliette Huot
Brasserie la Mère Clavet vous présente ses recettes, La, Léo Godon
Canapés et amuse-gueule
101 omelettes, Claude Marycette
Cocktails de Jacques Normand, Les, Jacques Normand
Confitures, Les, Misette Godard
* **Congélation des aliments, La,** Suzanne Lapointe
* **Conserves, Les,** Soeur Berthe
* **Cuisine au wok, La,** Charmaine Solomon
Cuisine chinoise, La, Lizette Gervais
Cuisine de Maman Lapointe, La, Suzanne Lapointe
Cuisine de Pol Martin, La, Pol Martin
Cuisine des 4 saisons, La, Hélène Durand-LaRoche

* **Cuisine du monde entier, La,** Jehane Benoit
Cuisine en fête, La, Juliette Lassonde
Cuisine facile aux micro-ondes, Pauline Saint-Amour
* **Cuisine micro-ondes, La,** Jehane Benoit
Desserts diététiques, Claude Poliquin
Du potager à la table, Paul Pouliot, Pol Martin
En cuisinant de 5 à 6, Juliette Huot
* **Faire son pain soi-même,** Janice Murray Gill
* **Fèves, haricots et autres légumineuses,** Tess Mallos
Fondue et barbecue
* **Fondues et flambées de Maman Lapointe,** S. et L. Lapointe
Fruits, Les, John Goode
Gastronomie au Québec, La, Abel Benquet
Grande cuisine au Pernod, La, Suzanne Lapointe
Grillades, Les
* **Guide complet du barman, Le,** Jacques Normand
Hors-d'oeuvre, salades et buffets froids, Louis Dubois

DOCUMENTS — BIOGRAPHIES